U0135184

金融
交易聖經

THE WAY TO TRADE

Discover Your Successful Trading Personality

發現我的賺錢天才 修訂版

JOHN PIPER

約翰・派伯—著

陳儀—譯

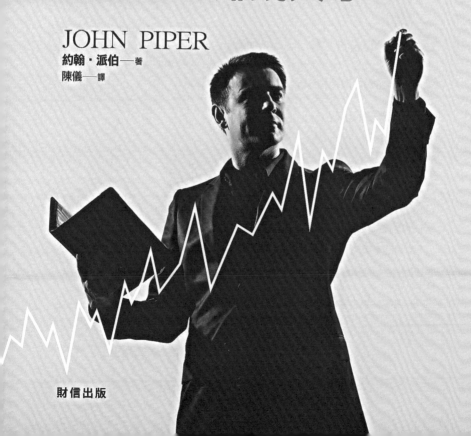

財信出版

目錄CONTENTS

〈編輯室報告〉
為何你不能錯過這本書？

如果你是一個投資散戶，那麼無論你是新手或經驗老手，本書都會讓你受益良多，理由如下：

一、相較於其他的投資方法，期貨和選擇權市場更能加速累積你的財富；在很多時候，這兩種市場只消幾天就能造出一個億萬富翁；以前如此，未來也一樣，沒有任何其他理財工具能出其右。

二、持續並穩定地在市場上獲利不是不可能、「打敗市場」也不是夢。本書的作者派伯和許多人早已成功達到這個境界；如果你想和他們一樣有這種能耐，就必須依循一套反覆驗證過，而且又適合你自身性格的投資方法論，本書將告訴你怎麼做。

三、本書將提出幾個經過驗證的投資方法論，你只要能從中選出最適合自己的，就已經贏在起跑點。

四、本書的貢獻還不僅如此而已。派伯之所以寫這本書，原因在於市面上從未出現過一本涵蓋所有投資議題的書籍。市面上談論市場分析與投資技術分析方法的書籍不勝枚

舉，討論投資者心理的書籍也不少，另外還有更多討論資金管理和其他各種理財主題的書，有些書甚至涵蓋了多元化的主題。但是，迄今卻沒有一本能含括所有投資議題層面的書籍：本書從成功的交易哲學談及所有投資心理層面議題、投資方法論，乃至後續的實際操作，再到最終的獲利成果等。

五、市面上很難找到一本期許讀者「別照本宣科」的理財書。本書主張每個投資人都必須找到屬於自己的成功途徑。它也將告訴你為什麼要尋找屬於你自己的途徑，也將告訴你如何做到這一點。這就是《金融交易聖經》一書的根本宗旨。

六、期貨和選擇權市場隱藏著最龐大的資產增值潛力，這些市場的獲利潛力遠比股市高；投資界真正的大玩家也都會參與這些市場。也許更重要的是：無論市場漲跌，這些工具都能讓你獲利；而在未來幾年的經濟情勢裡，這項「多空皆宜」的特質可能特別重要。

任何熱中於金錢，希望擁有更多財富的人都應該讀讀這本書。無論你是貧是富、還在工作或已經退休，本書都能讓你獲得一些啟發。

為何本書與眾不同

投資是一輩子的歷練，這和其他事業不同。隨著交易才能提高，你的人生將變得更美好。但是，隨著你不斷進步，通常卻很難回憶起過往的經歷與處境。我們相信這正是其他書籍未能涵蓋所有投資議題層面的原因。成功的投資者通常會忘記自己是怎麼樣得到目前成就的，這一點也不足為奇，因為到最後對他們來說，很多投資技巧早已不再是技巧，而

是一些潛意識動作，不需思索即可完成。

不過，派伯卻總習慣把他的市場交易經驗化為文字。這個習慣讓他得以歸納出非常獨到的高見，同時也強迫他將其他投資者眼中一些「個人特性」以文字表達出來。而為了寫作地更好，他還必須更謹慎去檢視「成為成功投資者」必須經歷什麼樣的精確流程。派伯也因此從這個「成功投資者養成流程」中歸納出一個「金融交易金字塔」。於是，第一次有人為「追求成功交易」打造一個模型，而所有投資者在讀完本書後都將發現這個金字塔確實極有幫助！

所以，這本書不僅將帶領投資者從入門走到最終成果（這種成果即是「高額的投資獲利」），更為投資者們提供了一個重要的交易行為架構。

投資方法無對錯

投資真正重要的是成果，本書提出了許多參數，你可以在這些參數當中建立一套適合自己的系統。金融交易的迷人之處在於它將成為你個人人格的表徵。好的投資者不是靠他們的「所作所為」而成功，他們之所以成功，完全因為他們骨子裡根本就是「優秀的投資者」。不過，想成為優秀的投資者，一定要先找到適合自己的方法。本書將幫助你找到屬於你的投資方法。

遵循你自己的途徑

在達到最終獲利目標以前，你必須切實遵循你自己的途徑。追隨其他人的交易腳步是不好的。當然，在學習交易的過程中，你一定需要幫助，而這正是本書的目的。你需要一

位良師益友，不過，卻不需要一個直接指導你「應該怎麼交易」的大師。唯有用自己的方法去投資，才會贏得屬於你的勝利。很多投資者都會認為「靠自己」是很困難的，但這一點卻是最根本的法則。

成功投資者的歷程

金融交易公司（Financial Trading Inc.）/
亞歷山大・艾爾德（Alexander Elder）

成功投資的基礎建立在三個M上：心智（Mind）、方法（Method）和金錢（Money）。

「心智」是指操作心理。你必須遵循幾個特定的心理原則，如能適當運用這些原則，不但會獲得最後的成功，也不會掉進大多數投資輸家都曾遭遇過的致命陷阱。

「方法」是指如何發掘交易機會，也就是說：如何判斷要買什麼？賣什麼？每一個投資者都需要一個能用來選擇特定個股、選擇權或期貨的方法，也需要一套能決定何時要買、何時要賣的「出手」（pull the trigger）準則。

「金錢」是指如何管理你的資本。你也許擁有一套優異的資金管理系統，但如果你的資金管理系統很糟，那你絕對會虧本。如果沒有良好的資金管理系統，只要一筆倒楣的交易就可能足以摧毀你的投資帳戶。

別人有時候會問我，操作心理、交易方法和資金管理何者最重要，我的回答是——請想像一下坐在三腳凳上的感覺。正常的三腳凳坐起來很平穩，但如果拿掉其中一隻腳，根本沒有人能安穩坐在凳子上。所以，你說這三隻腳當中，

究竟何者最重要？

　　投資者的養成過程通常必須經歷三個發展階段。當人們一開始接觸到市場，通常會聚焦在「方法」上。多數人無法在這個階段倖存，原因是他們的經驗過於不足，也沒有人能告訴他們如何趨吉避凶。所謂最適移動平均線或微調後的趨勢線等市場指標，都無法幫助這些人在市場上存活下來。

　　在這個階段倖存的人將會變得比較有自信，他們找到了一個能用來選擇投資標的的方法，以及一套既能分析市場且可以判斷買賣時機的工具。在這個階段裡，有些人最後成為技術分析、市場指標和交易系統的高手，他們也非常精於利用電腦來搜尋網路上的財經資料庫。但接下來，這些較聰明的倖存者會開始捫心自問：如果我那麼厲害，為什麼只賺那麼一點錢？為什麼我的投資帳戶這個月增值20%，但下個月卻又縮水20%，甚至更糟？顯然我並非不了解市場，但是，為什麼我保不住已經到手的利潤？

　　第二階段的投資者傾向於急切地抓住利潤，在資金被一大堆爛交易虧光以前先為自己買些東西。但接下來，到了某一天，當他們看著鏡子裡的自己，終將發現成功的最大障礙竟是鏡中的自己。衝動、缺乏紀律且未預設保護性停損的交易方式讓他們損失慘重。到最後，能在第二階段倖存的投資者終將看清楚自己的性格，也將發現自己的複雜情結、怪癖和缺點不會比電腦設定的交易工具少。

　　最後，能在第二階段倖存的投資者將變得更放鬆、更平靜，他們不再因市場的波動而提心吊膽。現在，他們已經進入第三階段——專注於「管理」投資帳戶裡的資金。現在他們會開始採用交易系統，學會不要和自己過不去，而且花更

多時間思考如何藉由資本的適當分配來降低整體風險。以上這三個M的概念來自我另一本書《以交易爲生》（*Trading for a Living*），這本書已經是國際上的暢銷書籍。我在六年前認識約翰‧派伯，並且很高興看到他逐漸成長茁壯，成爲一個眞正的投資者，甚至成爲投資者的良師。更欣喜的是我們對市場有這麼多共同的想法——諸如「2％法則」、市場爲人類心理表徵的概念、買進超跌標的、賣出超漲標的，以及市場不過爲一場「負和」（minus-sum）遊戲等觀念。

在本書的最後，派伯以非常實用的「看圖說故事」單元來引導你們跨越理論的限制。他將邀請你們一起追溯他過去的一系列投資案例，同時也對他過去這些行動提出評論。這些都是初學者絕不可能獲得的重要經驗。

派伯在《金融交易聖經》一書裡提到，他過去一年的資金管理確實創造了獲利，而我很清楚，在他得到這些成果以前，他已經在市場上交易了許多年。在美國，如果你想爭取到像樣的資金管理機會，至少要創造五年優良的投資紀錄，而且這些紀錄必須經過正式查核。我希望派伯能繼續創造穩定獲利，更希望他的讀者也可以在金融市場得到亮麗的獲利經驗。

亞歷山大‧艾爾德

紐約／莫斯科，1998 年 11 月

〈序〉
帶你寫下自己的投資書

我在期貨與選擇權市場的交易經驗已長達十年，現在，我已經開始為客戶管理資金，獲利穩定且豐厚。

所以，我個人對市場的觀點也隨著市場走勢的無數考驗而逐漸成熟。當然，在邁向投資成功的途中，我也曾經歷所有投資者在高低點都曾遭遇到的痛苦。

本書的內容獨樹一格，它將引領讀者逐一走過整個交易流程，同時我也會利用「金融交易金字塔」模型來解釋這個流程和所有構成「成功投資」條件間的關係。

成功投資的關鍵要素在於基本的操作哲學，但很多書籍和投資演講會都忽略了這項要素。市面上有很多書和演講會都不斷談論「資料分析」議題，但其實「分析」只不過是這場遊戲裡的小角色而已。要擁有好的交易成績，重點並不在於「怎麼做」，而在於你在整個投資過程裡的體驗與成長。

本書要獻給所有希望成為優秀投資者的人。對於沒有經歷過這個投資者養成流程的人來說，分析和技巧根本是無用的。

在討論過基本哲學以後，我們會再討論較具體的交易方

法以及建構這些方法的基本分析。我認為絕大多數冒險將資金投入全球市場的人都沒有善加利用「分析」這項工具。分析不是用在市場，它只能用在你因應市場的交易方法論。你必須自行設計這個方法論，接下來實地使用它。唯有如此，你才會成為實踐這個方法論的專家，自然也就能抓住獲利。

無論如何，你一定要擁有自己的投資方法論，無條件沿用時下熱門「大師」的方法並非好主意，因為他們的方法幾乎不可能適合你的投資性格。本書將告訴你如何發展自己的方法論，同時我們也將解釋存在於金字塔裡的一個回饋流程，這個回饋流程將讓你的方法論為你創造更大利益。

多數人都只因為一個單純的原因而迷失在市場裡，這個原因是：投資流於情緒化。當投資者發現這個問題以後，會開始採用機械化方法來改善問題。雖然機械化交易確實讓情況明顯改善，但卻還是不夠。如果真的想成功，就必須按照直覺行事，這也就是說，你必須成為你自己的投資方法專家——而唯有「經驗」才能讓你達到這個境界。我在本書描繪了以上途徑，我相信你一定可以樂在其中。

請不要對本書的表面內容照單全收，在投資者的養成過程裡，一定要謹慎考量市場上的所有層面以及個人的因應對策。書裡某些陳述是有點聳動，但我是蓄意的，目的只是為了要凸顯這個養成過程的重要性。所以，不要照單全收，一定要多加思考，歸納出屬於你自己的結論，並創造出屬於你的有效市場信念和方法論。關鍵在於「有用」這兩個字，這些信念和技巧必須真正能創造高額的利潤，唯有如此，才能證明它們是「有用的」。

最後，我必須承認，金融投資的歷程裡存在許許多多不

同的教育意義，在我們邁向成功的過程中，某些教訓在某些特定的時刻會顯得特別重要。也因如此，你可能會發現，在第一次閱讀本書的部分內容時，並不覺得這些內容特別重要，但當你再回頭讀過一次以後，卻又感覺這些內容很關鍵。所以，如果你能反覆把這本書多讀幾次，將受益更多。

約翰‧派伯

第一部
投資的根本哲學

金融交易金字塔

走進金融交易領域，就等於走進一個和日常生活完全不同的環境裡。我們平日運用在繁華世界的生活原則全都無法運用到金融交易領域；事實上，這些生活原則反而會導致我們虧錢。我們汲汲營營地想從市場上賺更多錢，但這個「賺更多錢」的動機卻反而可能成為拖垮我們投資事業的敵人。

想在金融市場獲得成就，一定要發展一套完整的架構，這倒是和我們面對繁華世界的態度一樣──我們也必須利用一套完整架構（性格特質）來面對外面的世界。交易金字塔正是這樣的一種架構。

不過，在我開始解釋這個架構的運作方式以前，我要先舉兩個例子來說明為什麼日常生活裡行為和動機無助於我們獲得市場上的成就。

很多人之所以進入金融市場，是由於他們已經在其他職涯領域獲致優異的成就；這些人在到達某個階段後，難免開始覺得原本的人生有點無聊，於是想要追求新的挑戰。這種心路歷程很正常，所有人都曾經有過這種需要刺激的感受。

不過，請先思考一下。當這樣一個人開始投資，他很可能用一種非常隨性的態度來開始（多數投資者都是如此），但我認爲這種投資方式注定演變成「情緒化」投資，因爲不管這些投資者認爲自己使用什麼方法，最終交易決策通常都會跟著他們的情緒搖擺。我將在本書稍後更深入解說這一點。所以，我們可以說這些人從事金融交易的基本理由是：「因爲感到無聊，所以想投資。」那麼，當他再次感到人生無聊時，又會發生什麼事？一旦學會交易後，這個人可能因爲一時無聊而做出情緒化的決策，而當在他制定這種情緒化決策時，市場上也絕對不可能剛好出現低風險的交易機會。

所以，投資者首先必須對自己提出的第一個問題是：「我爲什麼要投資？」這個簡單問題的答案將會爲你「省下」不少錢。

現在，讓我們來看看第二個例子。在現代世界裡，我們總是不斷追求一些能讓我們滿足的事物；而一旦我們想要追求某件事物，又眞的得到它時，會怎麼處理這些夢寐以求的美好事物呢？我們將會迅速接受。相對地，在現實世界裡，我們又是如何處理感受不愉快的事物？我們會試著推託，並希望藉由時間來沖淡這些不愉快而帶來的衝擊。而以上這些傾向將對我們的市場行爲產生什麼樣的影響呢？答案是：你將太早獲利了結，但卻太慢認賠停損。沒錯，你將過早停利，但卻放手讓虧損越滾越大。以上兩個例子告訴我們，在現實世界行得通的法則不能適用於市場，而以上還只是眾多理由中的兩個而已，也因如此，每個投資者更需要架構分明的交易金字塔。

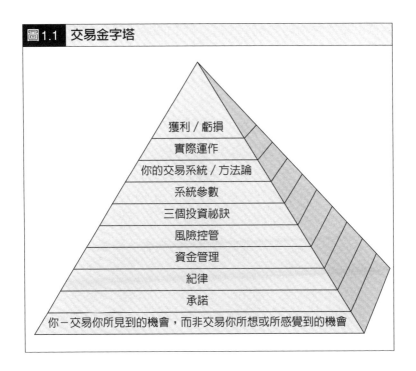

圖1.1　交易金字塔

（金字塔由上至下）

- 獲利／虧損
- 實際運作
- 你的交易系統／方法論
- 系統參數
- 三個投資祕訣
- 風險控管
- 資金管理
- 紀律
- 承諾
- 你－交易你所見到的機會，而非交易你所想或所感覺到的機會

金融交易金字塔

　　金融交易金字塔詳如圖1.1。金字塔的每一個層都是建立在另一個層次之上，事實上，要架構更高的層次，一定要先架構好目前這個層次。其實每一個投資者都已經擁有這樣一個架構，只不過一旦開始交易並產生虧損，就必須沿著右邊的線條，重新建立整個金字塔。我們將在本書完整解釋右邊的各個線條。

　　本章的目的只是要介紹整體概念，至於詳細內容，我將在後續章節細談。金字塔第一個層次是「你」。顯然地，如果「你」尚未就緒或不存在，後續的層次就無法發展下去。另外，決定整個架構的也是「你」，因為你必須建構一套適

合自己整體性格的系統。因此，每一個個人投資者的架構都不盡相同（儘管我認爲不同人的投資架構間多少都會存在一些共同點）。也因此，每個投資者都必須非常勤於耕耘他們專精的領域。我經常告訴那些採用我投資顧問服務的客戶，在學習的過程中，一定要「學會不要對我或其他任何人的市場評論感興趣。」由於你的投資架構將不同於我或其他任何人的架構，所以你必須學會用自己的方式管理屬於你自己的交易，除此之外，沒有任何方法行得通。現在，我們已經了解要怎麼做才能讓這個模型變得有效──再說一次，你必須學會用自己的方式管理屬於你自己的交易，除此之外，沒有任何方法行得通。

下一個層次是「承諾」。投資是一門艱深的事業，依我個人的淺見，它是世上最艱難的事業之一。不過，這個事業確實也是舉世報酬率最高的事業之一，因此也就不難理解這個領域有多困難。如果你想用自己的方法作戰，那你就必須對這項事業立下堅定的「承諾」。不過就算你目前的進度只到「閱讀這本書」而已，你還是可能已經對「金融交易」有所承諾，因爲這代表你已經接受「金融交易」絕不輕鬆的觀點了。

再上一層金字塔是「紀律」，這是從事金融市場交易的一個關鍵要素。在從事金融交易時，你必須了解自己的情緒，並學會控制它──而這需要紀律。

在從事金融交易時，你必須發展一套能讓自己掌握優勢的方法論，但如果要善加利用這套方法論，就必須遵守方法論中的紀律。而這又牽涉到另一個要點──在這個世界上，有些事我們做得到，但有些事卻是我們做不到的，所以相關

的紀律不能嚴謹到連我們自己都難以遵守。這方法論不僅必須適合我們，也必須有可能讓我們成為這個方法論的專家。一旦以上兩個條件都齊備以後，我們才更能「落實紀律」與「依循系統行事」，不過，「遵守紀律」依舊是最基本的。圖1.1說明了金字塔各個層次間的交互關係，也說明了這個架構是有機的，它將隨著我們的交易技巧和經驗累積而逐漸成長茁壯。就某種程度來說，我們所使用的方法論是一個函數——我們對不同市場策略的經驗以及對自己與自身情緒的了解程度的函數。所以，隨著我們逐漸成長，就會對交易系統與方法論形成一個回饋迴路，這也會對紀律層次乃至其他層次造成影響。

　　到目前為止，我們已經討論過金字塔最下面三個層次，而這些層次可以歸類為「個人」層次。這些層次來自我們個人。單就這三個層次來說，我們可能從未觀察過市場，可能從未進行過一次投資。而接下來五個層次則和投資方法論的發展有關。市面上有很多和投資書籍主要都是談論如何進行系統的設計，有一些則只討論到分析方法，不過，分析方法只不過是整場遊戲裡的小角色，它只是金字塔某個層次裡的一部分——這個層次即是「系統參數」。

　　不管你的方法論是什麼，資金管理（MM）都是其間最最重要的。如果沒有適當的資金管理政策，什麼都不可能行得通。如果你每次交易都讓你的資金承擔100%的風險，那麼即使擁有一個成功率高達99%的系統，最終仍將難逃被淘汰的厄運。同樣地，如果你的所設定的交易系統只願意承受非常低的的風險，那麼，你的投資成果則將遠低於預期。所以，第一步就要妥善設定你的風險參數，而這部分是很個

人化的問題。多數人之所以失敗，是由於他們給自己太大的壓力，壓力過大就會導致投資者過度情緒化，而情緒化投資是注定要失敗的。在這當中，有兩種壓力特別厲害，第一種是財務壓力，如果你承擔的資金風險過高，那麼你就會偏離「平均律」（law of averages），而且保證你一定會被市場淘汰。第二種壓力是心理壓力，這也許是財務壓力所造成的一種潛意識認知。無論如何，你都必須迴避這些壓力。這有一部分和經驗有關，有一部分則是和你個人對每一筆交易所設定的風險參數有關。我認為每筆交易承擔百分之一到二的風險是適當的。在這個參數下，你一樣可以賺很多錢，但卻不會感覺有壓力。過去曾有個市場大師說，所有投資者都必須立刻將投資規模減半，這是很好的建議。

接下來一個層次是風險控管。資金管理和風險控管的關係非常密切。如上所述，資金管理是方法論中不可或缺的一環，而資金管理政策也涵蓋了風險控管議題。舉個例子，採用停損點（「在心中預設停損」或在市場波動中預先下停損交易單）可以控管風險，不過，這個停損風險金額卻屬於資金管理的議題。要成為一個成功的投資者，一定要將風險降至最低水準。舉個例子，我們經常見到市場在一則新聞發布後出現激烈的變動，而這些變動經常和新聞本身所影射的意思背道而馳；這是由於機構投資者經常會等到新聞發布後才進場建立相關部位，而這正是他們「將風險降到最低」的實務作法。不過新聞本身所傳達的內容通常並沒有太大的意義——請詳見第25章的〈市場迷思〉。投資風險較高的時機包括：新聞即將發布時、隔夜或隔週等。不過，我們幾乎沒有任何方法可以降低意料外消息所引發的風險，所以，最好的

方法就是時時刻刻將風險控制在最低水準。風險永遠都存在，而且不會有人希望市場上完全沒有風險，因爲如果沒有風險，就不會有報酬。投資者就像走鋼索的人一樣；很多人都認爲走鋼索的人一定要學習平衡，但其實不然；他們其實是學習如何在不平衡的狀態下正常行動。相同地，投資者則應該學習在如何風險環境下生存。

下一個層次是「三個簡單的投資原則」，我稱這三個原則爲「投資祕訣」。你應該知道如果要藏一個東西，最好是藏在每個人都看得到的開放空間——人就是這樣，你也許時時都看得到一些事物，但卻不見得眞正了解這些事物的價值。以下這三個簡單的投資原則就是如此，你一定也經常聽到：

一、執行停損
二、放手讓獲利持續增長
三、精選交易機會

這三個交易原則正好和投資者養成過程中所必經的三個階段互相呼應；〈投資者的成長步驟〉（第 2 章）將這三個階段描述爲「貪婪導向」、「恐懼導向」以及「風險導向」。這三個階段和這三個簡單的原則之間有著非常緊密的關聯。此外，我們也可以用另一種方式來描述投資經驗：情緒化、機械化與本能化，而這三者也和三個簡單的投資原則互相呼應。

就我個人的觀點，所有不遵守這三個簡單投資原則的方法論都是無效的。關於這個論點，其實某些純粹的機械化方法的確能能創造優異的成果，這些方法也因此廣受認同；但

如果你能精選出更理想的交易機會（請見第25章），將可讓
這些機械化方法創造更優越的績效。

現在，我們才開始要討論金字塔裡的「市場分析」，因
為現在已經進展到「系統參數」層次。當以上所有關鍵特質
都已齊備，系統參數的設定就不會有太大問題，因為我們現
在已經更了解自己、知道自己希望用什麼方式進行交易、也
知道必須用這個方式去投資哪些機會（而不是買一份說明書
內容最浮誇，或有超值贈品的投資套裝軟體），而且也能確
實完成這些交易——我們絕不能忽略這最後的階段。

我個人認為一般人通常都誤解了分析的目的。它不是用
來進行市場分析，而是用來讓你的系統變得更完善。你必須
決定要如何交易——無論是期貨、選擇權、避險、長期、短
期等交易方式都和「分析」有關。例如，也許你決定要順勢
操作，也決定持有部位的期間將介於三天到三星期（視市場
情況而定）；也許你會判斷某些形式的趨勢指標可能適合你
目前所採用的方法。相對地，你可能和我一樣，比較偏好觀
察市場走勢，並從中歸納出適當的結論。不過，不管你選擇
哪一種風格，你都必須判斷是哪些因素促使你出手建立一筆
交易部位，同時也必須判斷應該如何出場。就某種程度來
說，我個人會以直覺來判斷，不過，我的直覺並不完美。但
我要闡述的重點是：這個階段存在一些彈性空間，關鍵在於
你的系統及方法論必須遵循交易金字塔中上述各個階段裡的
原則，而且你的系統及方法論必須和你個人的投資性格與目
標一致。

如果你的情況符合以上描述，那麼你就擁有了真正屬於
自己的交易系統，接下來，你就會進展到「實際運作」層

次。此時才會開始產生實務面的問題。美國有一個名叫喬‧羅斯（Joe Ross）的投資家，他曾說過許多名言，其中一句是：「投資你眼睛見到的機會，而非你想像的機會」。在實際運作層次裡，這句話說得非常貼切。很多投資者在從事很多交易時，都是基於他們一廂情願地認為「未來將發生什麼事件」才進場（他們想像自己將因一次大跌或大漲行情而致富）。但其實，唯有堅持你親眼所見的機會才是明智。

　　有些投資者在交易過程中會變成自己的障礙，我將在第13章詳述這件事。不過，我在此還是要簡單介紹這個主題。在這些問題（障礙）當中，有一部分和複雜的思考流程有關，投資者必須解決隱藏在這些流程裡的問題；有些問題和信心有關，而隨著實際演練的增加，你的信心將逐漸累積；另外，有些問題和過往的經驗有關，而你必須善加面對過去的經驗。有時候，投資心理學家也許可以提供一些協助，我們將有專章討論這一點（請見第16章）。

　　金字塔的最頂端是投資成果：獲利或虧損。悲哀的事實是：多數人都會虧損，但這是不可避免的結局。如果每個人都很完美，那麼，就不會有人賺錢，因為投資是一場「負和遊戲」（請見第25章），而這正是金融交易的難題之一。不過，這個情況不會改變，因為人類是情緒化的動物，很多人並不願意改變這個特性，這些不願改變的人將繼續免費為勝利者提供「糧食」。本書就是要告訴你如何變成享受糧食的人，希望你能樂在其中。

2 投資者的成長步驟

本章將用不同方式討論如何變成成功投資者。多年來，我歸納出所有投資者在邁向成功途中都似乎會遭遇到的一個過程。我將這個過程詳述如下。

從「貪婪導向」開始

貪婪導向者往往因以下因素而失敗：

【一】市場認知問題
- 認定這不是一場零和遊戲，而是一個「非常負面」的負和遊戲（請見第25章）。
- 市場心理問題：在錯誤的時機做錯誤的事。
- 認為市場上的多數意見通常是錯的。
- 認為市場因混沌和迷惑而存在。

【二】個人投資問題
- 過度交易。
- 知識不足。

- 缺乏紀律。
- 未針對市場心理建立保護牆。
- 因不確定性的環境而採取隨機行為，例如隨便接受營業員的建議。
- 市場觀點有誤。

「貪婪導向」的投資者受到嚴重打擊，結果會變成「恐懼導向」。

　　恐懼導向投資者往往因以下因素而失敗：

- 「市場認知問題」同上。
- 害怕的人絕對不會贏錢。
- 自身問題。
- 依舊過度交易，投資很多衍生性金融商品。
- 恐懼本身又引發更多恐懼。
- 停損設定條件過於嚴謹，結果越虧越多。
- 依舊不是真正了解投資箇中真理。

能在恐懼導向階段堅持到底的人，可能終於走出黑暗，同時也變成「風險導向」，此時，他們將開始賺錢，因為他們已發展出一套能發揮自身優勢的方法論：

- 採用有效的資金管理系統。
- 發展出遵循這個方法論的紀律。
- 改掉「有害」的投資性格缺陷。

　　這就是投資者成長的基本過程，你應該也注意到，這個

過程分為三個基本的階段。我經常說，金融市場很有意思，有很多事情好像都「無三不成理」。例如，很多主要趨勢都可以再細分為三個小趨勢，而主要投資原則也可以分成三點等。而實際上，這三個主要投資原則就相當於投資者養成過程中的三個必經階段。

雖然我將這三個階段的分別命名為「貪婪導向」、「恐懼導向」與「風險導向」。不過，不要呆板地以表面字義看待這幾個階段，這些名稱只不過是最能貼切形容這三個階段的名稱罷了。

貪婪導向階段的特徵

投資者在第一階段的特色是：「無知」與認為「我能透過市場輕易賺到很多錢」。通常真正驅動這些新手投資者的情緒也許並非貪婪，而是其他情緒。一個成功的商人或專業人士可能是為了想尋求新的挑戰才介入金融交易，在這些人當中，有些可能只是覺得人生開始有點乏味，希望為自己的人生增添一點樂趣。另外，有一些人可能壓根兒就是賭徒。新手投資者要自問的首要問題之一是：你從事金融交易的動機為何？多數人通常是依照自己的情緒去做很多事情。例如買什麼樣的車、那一天要休假等等，這些基本上都是依個人情緒而定。想想你當初為什麼要買某一部車、為什麼要（不）和某人結婚等，就不難理解為什麼我們介入市場後會繼續做一些情緒化的決策了。

不過，情緒化在市場上是行不通的，因為市場本身就是一隻情緒化的「動物」，而當市場情緒高喊「賣出」的同

034 ● 金融交易聖經The Way to Trade

時，成功的投資者卻比較可能反向買進。想想，如果一個投資者是為了擺脫乏味的生活而介入市場，那麼，顯然當他們覺得最無聊的時候，進場交易的衝動將最強烈。但是，我們沒有任何理由相信當他們感到無聊時，正好會是進場的好時機。另外，也有一些投資者因自尊心問題而受苦，不過，其實我認為大家都難以擺脫這類問題。

投資者必須先克服以上的問題後，才可能獲得屬於他的投資成就。依我個人淺見，讓投資者看清自己的唯一方法，就是使用一套完全機械化的系統，這樣一來，他就會知道自己應該怎麼做。使用機械化系統後，一旦投資者的行動和系統所設定的行動不一致，投資者就可以察覺這個問題，並質疑自己的行動是否合理。唯有透過這樣的流程，我們才可能真正了解自己。我相信「了解自己」是投資是否成功的關鍵要素。

由於這種靠情緒決定的本能，新投資者總是會痛失大量金錢，很多人（或者應該說多數人？）甚至血本無歸。重點是，在經歷慘重的損失後，他們將開始變得恐懼，此時，他們才會領悟到投資的第一個祕訣：執行停損。這是邁向「恐懼導向」過程中最關鍵概念。事實上，我們可以把停損視為對恐懼的一種反應。

恐懼導向階段的特徵

進入恐懼導向這個階段後，投資者會開始採用停損概念，不過，此時他們所設的停損距離卻過於狹小。這個階段的投資者才終於了解到「交易」並不是那麼容易，他得花費

更多心力才行。在這個階段也有很多投資者因受挫而中途放棄。不過，不屈不撓的投資者卻也在此時真正對投資事業付出承諾。但是，即便有承諾，殘酷考驗卻才要開始，所以光有承諾並不見得能成事。

就人類的動物本能來說，恐懼導向是一種無可避免的天然傾向。市場本身並不嚇人，它不惡劣，而且也不是那麼艱澀難懂。市場就是市場，它不過是按照自己的步調前進罷了。問題的根源出在我們自己對市場的認知，以及我們根據這些認知採取的行動。我們必須知道得為自己的後果負責，沒有其他人可以代我們承擔，更不可能讓市場來為你承擔。唯有接受「自行負責」的觀念以後，我們才會開始贏得投資勝果。如果我們認為自己的損失是其他人的過錯所造成，不就等於是承認我們無法掌控這一切嗎？而如果我們無法掌控這一切，又要如何贏得獲利呢？

由於我們必須解決許許多多各種不同的個人問題，所以，這個階段可能會延續一段很長的時間。在市場上，恐懼是沒有意義的，因為害怕的人不可能贏錢——害怕的人會過早執行停損，但卻又太早獲利了結。這個階段的投資者特性是緊張且過早採取行動。

風險導向階段的特徵

要成為風險導向的投資者，必須在各方面都有進步。諸如：他得了解自己、進行必要的調整，更深入熟悉交易流程、將交易方法論調整成適合自己性格、學會在交易時放鬆自己等；以上都還只是風險導向投資者的眾多必要條件的一

部分。

　　我之所以把這個階段命名為風險導向，主要原因在於唯有了解風險，才能贏得勝利。投資是一種高風險事業，所以，唯有轉得風險導向投資，你的方向才會和市場方向一致。

　　這個階段的關鍵操作祕訣是：放手讓獲利持續增長；唯有在這個階段，你才可能在市場上獲得穩定的利潤。在達到這個階段以前，你都應該維持最低的投資部位（例如只進行少量單位的買賣），原因是，你勢必得繳「學費」，但是沒有必要繳超過你所需要繳的範圍。

　　一旦你變得風險導向，你將學會最後一個交易祕訣：精選投資機會；而一旦你學會精選投資機會，就會覺得金融交易不是那麼刺激。

　　以我個人來說，雖然我一直都有獲利，但有時候還是會覺得自己的交易過於頻繁。

　　此外，你一定要成為「你個人投資方法」的專家，才可能確實精選投資機會。因為你使用的投資方法是否有用，關鍵就在於它必須能為你過濾大量的市場資訊，讓你只專注在一些「必知」的要素上；畢竟成為某一個小領域的專家要比成為大領域的專家更容易些。市場資訊的來源眾多，資訊量又那麼龐大，所以沒有人有能耐照單全收，更別說精熟所有類別資訊了。因此你必須判斷自己需要哪些資訊，再依據條件設計屬於你自己的方法並付諸實施。一旦成為個人方法的專家，你將發現自己的直覺變強了，此時你才能精選出最適當的交易部位──那也就是你風險最低的部位；接下來，一切都將順心如意。

55個投資步驟

　　我個人在獲得今日的投資成就前，就是依循這55個重要步驟成長的。以下為當時我走過這些步驟的簡要概述：

1. 我們被市場所吸引，於是開始進行初步的投資閱讀與研究。
2. 我們買了幾本理財書，並訂閱一些市場通訊。
3. 我們找到一些蠻合意的投資工具，並開始用這項特定技巧研究。
4. 我們開始在市場上牛刀小試，偶爾投資一些，但大部分都虧本，只不過虧不多，偶爾也會賺點錢。
5. 我們不斷對自己洗腦：一旦更熟練交易技巧後，就比較不會虧本，賺錢的機率也將大幅提升。
6. 我們開始自己畫線圖，這些線圖越畫越大。
7. 我們自認找到一個穩贏不輸的市場交易方法。
8. 我們開始積極投資。
9. 投資的成果讓我們警覺到，市場交易並不如想像中那麼簡單；還有許多關鍵是我們尚未完全體察到的。
10. 我們還是繼續投資，但成果平平（甚至不好），不過，偶爾幾次贏得的獲利已經足以提升我們的投資興趣了。
11. 我們依舊能創造優越的投資成果。
12. 我們的交易量越來越大，投入金額也越來越多。
13. 我們繼續閱讀理財書籍，也繼續訂閱市場通訊，不過我們的研究工作都還停留在皮毛階段，直到此時都還沒能確實了解交易的真義。
14. 我們的投資方法獲得一次重大的勝利，但由於交易技巧

038 ● 金融交易聖經The Way to Trade

不足，所以實際獲利仍比我們期望的低。

15.市場開始讓我們開始感到某種程度的恐懼，但我們卻向未學會第一個重要課題：停損。

16.我們繼續以大筆資金進場，不僅過度交易，更有「偏離市場平均律的異數」特徵。

17.我們大賺一筆，一切都很順利，開始過度自信。

18.我們大賠了一筆，心理問題開始浮現。

19.我們買了一部電腦，開始監控更多的指標。

20.我們開始尋找其他投資方法並介入其他市場。

21.我們被淘汰出場。

22.我們終於了解，投資並不像表面上看起來那麼簡單。

23.我們的投資看來前途黯淡。

24.我們發現若真正想靠投資交易賺錢，當時市面上唾手可取得的資訊（1987年至1988年）並沒有多大用處。

25.我們決定填補這個資訊缺口，並計畫創設一份解析投資方法的文件。

26.我們和一位美國分析師合作，請注意：「和分析師合作」對一個想要從事金融交易的人是有多麼不恰當。不過這總比和其他投資者合作好。

27.我們繼續投資，不過進場的金額低多了。

28.我們推出了我們自己的市場通訊，一開始就很成功。

29.這份通訊需要投入很多研究，外加大量的自我分析，不過，我們還是沒有了解到投資是一種心理議題，更尚未體會「除非個人的內在要素都已經就緒，否則外在要素（系統／軟體／電腦／營業員／顧問等）幾乎完全沒有效用。」

30. 我們因恐懼而苦惱，而且沒有採用明確的方法。

31. 我們終於了解到靠個人主觀去交易，而沒有採用明確的方法論投資，絕對是必死無疑。

32. 我們開始尋找適合的方法論。

33. 市場上的方法論看起來不太適合我們，所以我們自行發展適合自己的方法論。

34. 我們開始利用一個明確的方法論進行操作，這並不容易，不過一開始就出現一些顯著的轉變。

35. 我們發現自己進行的交易缺乏充分理由，而在採用明確的方法論以前，是不可能察覺此一問題的。

36. 我們了解到投資的關鍵就是我們自己的心理狀態。

現在終於開始真正理解投資了。

37. 我們改善自己的系統，並開始以少量買賣為基礎進行交易，也賺了一點錢。

38. 不過，我們依舊會恐懼，而且這仍是個心頭大患。

39. 我們先前學到停損的必要性，但在我們解決恐懼問題以前，還是無法領悟第二個祕訣。

40. 我們繼續交易，成果還算可以。現在，我們的信心逐漸恢復，恐懼感逐漸消失。

41. 我們又遭受一次嚴重的賠本打擊。

42. 我們的感受糟透了，甚至認為也許該就此放棄，而且也許應該早在幾年前第一次犯錯時放棄。

43. 我們繼續交易，並決心不要再犯過度自信的錯誤。我們體會到謙卑的重要性。如果你一直都很自滿，就不會有其他空間學習了。

44. 我們遇到另一個投資者，後來他成為我們的良師益友。他向我們介紹一個新的投資方法，我們馬上就和這個方法「一拍即合」。這是讓我們開始有正確投資態度的關鍵。

45. 我們的成功經驗不斷累積，也不斷改善交易系統，成果確實逐漸好轉，而且，我們的心理狀態也逐漸改善，比較不那麼常感到恐懼了。

46. 我們決定要去拜訪一個投資教練／心理學家，與他第一次見面是在瑞典。

47. 由於學會放手讓獲利增長，所以我們大賺一筆。我們做到了成功投資者所需做到的一切。但我們能再次實現這樣的成果嗎？

48. 我們不再恐懼，開始變得風險導向。

49. 我們體會到，心理面的態度將決定一切。我們了解到放輕鬆交易的重要性，於是我們再次降低交易規模。

50. 我們花了幾天的時間去了一趟美國，和我們的投資教練合作。

51. 我們開始穩定獲利。

52. 我們又有點過度自信了。不過，這一次我們馬上察覺這個現象，所以損害有限。

自此，我們幾乎都是憑直覺操作，所以說，我們終於成為專家了。

53. 我們知道投資前途還是存在許多挑戰，但我們有信心化解所有挑戰。

54. 錢對我們來說不再是個問題，我們目前的生活可謂非常

充裕。

55. 我們發現自己的整體生活品質明顯改善，所以我們又朝
向另一個更寬廣的人生領域邁進。

結論

我們還可用本章兩種不同方式——「投資者的成長」與
「55個投資步驟」來討論一段相同的投資者旅程。

從貪婪導向演變成恐懼導向，再變成風險導向；貪婪導
向將產生虧損並導致投資者心生恐懼（怕東怕西）。此時，
投資者必須堅持到底，並培養必要的技巧，才能成為風險導
向的投資者。而這也是在遵循55個投資祕訣後，投資者會
經歷到的成長歷程。

投資者的大腦

本章將討論兩種大腦模型，這些模型有助於分析投資者回應市場的模式，我們也可以從中了解投資者做出這些反應的原因。

東尼·普蘭墨（Tony Plummer）曾寫了一系列文章叫〈苦惱的投資者〉（The Troubled Trader），這些文章的基礎是建立在「三位一體的大腦」（"triune" brain）的概念上。另外，比爾·威廉斯（Bill Williams）所著的《混沌交易法》（*Trading Chaos*）一書則提出了另一種「三部分」大腦模型。這兩個模型對投資者都很有幫助，因為我們不但能藉由這兩個模型找出投資問題，也能從中找到相關的解決方案。

事實上，威廉斯可能會認為我以下的觀點不正確，他認為問題本身不需要解決方案，只需要超越它就好。我個人則認為這些模型對金融交易者來說是很根本的要素，有了這些模型，才讓我得以向前邁進，發展出我的「交易金字塔」。也許這就是某種形式的超越吧！

首先，讓我先解釋有關《混沌交易法》一書的幾個概念。傳統的「問題」解決方式可能會產生一種鐘擺效應。最

簡單的例子就是一般投資者最常經歷的「紀律迴路」——我們循規蹈矩依循自己的投資方法論進行交易，接下來開始有不錯的獲利，但賺了錢以後，我們卻開始變得過度自信，於是我們開始偏離紀律，結果，我們的投資成果反趨於惡化，惡化又讓我們變得比較謙虛；於是，我們又重新學會了遵守紀律；接著我們的投資成果又好轉了，但卻又再度變得過於自信——這整個循環就這樣不斷重複。在現實世界中，這種鐘擺效應屢見不鮮。我們必須超越這個格局，才可能真正成功。威廉斯稱這個「問題解決」流程為「第一型架構」（Type One Structure），而超越這個格局後的流程，則稱為「第二型架構」（Type Two Structure）。

他把這兩種架構之間的差異類比為「歐幾里德幾何學」和人類世界才剛發展出來的新「混沌法」。老實說，我覺得他書裡的內容和「混沌理論」的關聯性似乎不大，不過，裡頭還是含括了一些絕佳的投資教育素材。

大腦的結構

讓我們回到人類的大腦。普蘭墨的大腦模型可以分成三個部分：本能部分、情緒部分和思考部分，請見圖3.1。這三個部分隨著我們從太古時期的沼澤地帶（或者其他來源）逐漸進化而依序形成。腦幹源自於我們的爬蟲類傳承，它已經傳承了千百萬年的時間，它讓我們擁有一些本能的力量。情感系統（limbic system，也稱周邊系統）則是源自於我們最基本的哺乳動物傳承，這和情緒輸入有關，這部分也算是淵遠流長。最近的發展是「新皮質」，這和反射思考流程與

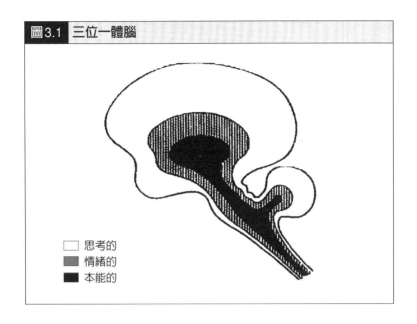

圖3.1　三位一體腦

□ 思考的
■ 情緒的
■ 本能的

想像力有關。

　　問題在於，金融投資將誘發人們產生許多本能與情緒化的反應，而由於這些反應根深蒂固地深植在我們腦部功能裡，所以我們根本很難駕馭這些反應。也因如此，我們很難把金融交易這個簡單的「動作」做好。

　　至於威廉斯主張的「大腦的三個部分」和上述「三位一體腦」有些許不同。他把大腦分成三個部分：「腦核心」、「左腦」和「右腦」。他並沒有特別聚焦在各個部分的負面層面，而是比較強調這三個部分的正面功能。這和他的「第二型架構」主張是一致的。

　　我簡單將他描敘的這三部分功能歸納如下：「白痴」的左腦能力十分有限，但它卻為「腦核心」提供「計畫能力」，而腦核心則像個莽漢，只顧著勇往直前去完成應該做

的事。在人生的每一個時間點裡，都會有百萬位元的資訊可用，但「白痴」左腦卻只能處理大約十六位元的資訊，腦核心則處理其餘的大部分資訊。因此，我們總是能把自己下意識就會做的事情做得非常好，這是因為左腦已經把實力堅強的腦核心訓練有成，好幫我們快速處理事情。

所以，左腦算是「老大」，而自尊心就是存在左腦裡。自尊心一直都很恐懼，它擔心自己可能變得多餘。

右腦又是什麼呢？右腦和三個「I」有關：靈感（Inspiration）、直覺（Intuition）和想像（Imagination，也許還包括「見解」〔Insight〕）。有些人認為右腦的能力是無限的，所以右腦和「天賦」（God Force，隨你怎麼稱呼）之間有著直接關係。

威廉斯根據以上的模型主張，人的大腦裡蘊藏了非常大量的資源，只要超越我們目前的格局，就有機會善加利用這些資源。

「三位一體」腦的概念和威廉斯的模型其實是一致的，而且基本上細分為腦核心和左腦，只不過三位一體腦的第三部分也包含右腦。不過，普蘭墨的文章是聚焦在人類大腦結構所呈現的問題，而不是談論如何超越這些問題。

我個人覺得三位一體腦的概念和它反映在投資方面的問題根本就不辯自明。曾經從事過金融交易的人想必都非常熟悉這些問題。而威廉斯的三部分大腦概念也許更複雜一點，但卻有非常多證據顯示它的確存在，也很有用。舉個例子，當我們在學騎腳踏車時，我們都會經歷以下過程：先試著用「白痴」左腦騎，然後跌倒。最後，當腦核心被訓練完成後，我們就會騎得非常順。實際上，就算有一天我又從腳踏

車上跌了下來，我也不會在意，只把它當成小插曲。我認為每個人都經歷過這種騎腳踏車的情境：騎著騎著，根本沒有意識到最後幾英里是怎麼過的。這是因為腦核心在為我們做事。而右腦的經驗很少凌駕其上，擔任主導角色。

混沌交易法

圖3.2簡述了《混沌交易法》一書的主軸——在市場環

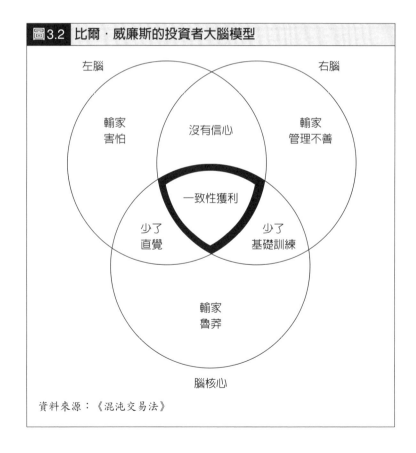

圖3.2 比爾‧威廉斯的投資者大腦模型

左腦　　　　　　　　　　　　右腦

輸家
害怕

沒有信心

輸家
管理不善

一致性獲利

少了
直覺

少了
基礎訓練

輸家
魯莽

腦核心

資料來源：《混沌交易法》

境下這三個部分如何互動。如果你只用右腦來進行操作，那麼你的投資管理將會非常糟糕，並且終將失敗。如果你只用腦核心進行金融交易，你將會非常魯莽，但如果只用左腦操作，你只會感到害怕。如果你不用左腦投資，你就不會把經驗記錄下來，如果不用腦核心，又會沒有信心，如果不用右腦，則會少了直覺。唯有這三部分共同合作，你才能達到威廉斯所謂的「一致性獲利」境界。

《混沌交易法》的設計就是要讓你達到「一致性獲利」的境界。該書提出五個階段，每一階段都有不同的目標，書裡也提供不同的工具來幫你達成這些目標。這五個階段分別是：新手、略有進步的初學者、稱職的交易者、熟練的交易者、專家。而五個階段的目標依序是：虧損最小化、在單筆交易中獲得穩定利潤、利潤最大化、用你自己的投資理念系統操作，以及依據你的心理情況進場交易。

投資者的腦

在大致了解「投資者的腦」後，我得說本章的目的是由於我認為如果我們更了解自己，就更容易在市場上獲得勝利。這一章看起來也許並不完整，不過，即使人類真的努力嘗試，可能花幾十年甚至幾百年都無法真正了解自己。所以，不要期待有任何精準的答案，就算有答案，也不見得是你想要的。你所需要的是一個能引導你走到正確方向的精密指示牌（也許這種指示牌應該指向大腦的左腦以外各部分），我希望這一章的內容能對你有點幫助。

交易金字塔的第一層：「你」

欺騙自己的謊言一定說得最大聲。

——社會學家先驅，《狂熱分子》（*The True Believer*）
作者艾瑞克・赫佛（Eric Hoffer）

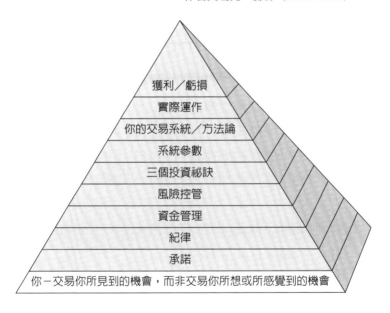

獲利／虧損
實際運作
你的交易系統／方法論
系統參數
三個投資祕訣
風險控管
資金管理
紀律
承諾
你－交易你所見到的機會，而非交易你所想或所感覺到的機會

這個世界上充斥了許多對金融市場與投資觀念的根本誤解。

本書不會跟你多囉唆，我會直接告訴你根本觀念。我將投資的根本觀念彙整如下：

1. 你可能認為市場原本就存在某個地方。錯，你個人對市場的想法是屬於你個人的，這個想法獨一無二，只存在你的大腦。唯有認定你大腦裡的「市場」是有用的，而且善加「利用」這個市場，你才會贏得勝利。

2. 你可能認為已清楚見到自己大腦裡的市場。錯，你所見到的是一個被情緒遮蔽的市場。尤其當你手中握有交易部位時，這股情緒的威力可能會更強大。

3. 你可能認為金融交易不過是「低買高賣」的一個簡單函數。錯，事實上，交易不難，但也不簡單，只不過我們自己在面對市場時的情緒問題將導致我們的勝率明顯降低。

以上這三個陳述翔實整理了你即將介入的「市場」。在一般行業裡，以上這些事情應該不會發生，就算發生了，我們也很快就學會閃避這些事情。但市場卻不一樣，市場不會一直重複相同的行為。所以，在某一天很管用的戰術可能到隔天就失效了。舉個例子，讓我們來比較市場和日常生活：如果你撞倒一根電線桿，你很快就學會應該要繞過它；但在市場上，當你接近電線桿時，它卻會不斷移動，所以你根本無法確定自己是否有辦法繞過它。

不過，你可以做的是發展一套心理紀律，讓自己就算撞到這些電線桿也無所謂。

這一節的標題是「你」，原因在於「你」就是你的投資方法的背後根本。如果你對照交易金字塔圖解，就會發現構成這個金字塔的基礎就是「你」。原因是你一定要發展一套適合「你」的操作風格，除此之外，沒有其他方法行得通。

操作經驗

　　隨便瀏覽幾本投資書籍後，你很快就會發現市場上有多少人為了掠奪你辛苦賺來的錢，自稱可以將「他們的」市場投資經驗傳授給你；雖然這是個題外話，不過這些作者當中，很多人並未實際從事金融交易。也許在那眾多書籍裡總會有一本適合你，但究竟是哪一本？這個問題不容易回答。你除了應該使用分析方法外，也必須學習交易技巧，因為交易技巧攸關95%的成果。但這需要時間，不要期望你馬上就可以獲得勝利；金融交易就像經營其他事業一樣，你也必須花時間學習。在學習時，你有一個很簡單的任務，這也是金融交易的第一個「祕訣」──就像其他祕訣一樣，這個祕訣也是眾人皆知的，因為隱藏祕密的最好方式就是讓所有人都以為它不是祕密。但絕大多數的新手投資者卻都是栽在這個祕訣上，他們因這個祕訣而將自己淘汰出場。本書從頭到尾都會重複提及這個祕訣和另外兩個祕訣。

1. 金融市場裡沒有絕對的投資真理

　　我們必須先檢視內在的自我，因為我們的內在是一切的根源。有幾個簡單的原則可以依循，但在透露這些原則以前，我認為應該先強調以下重點。

　　在市場裡，我們永遠都不知道在任何一個情況下應該做什麼才是正確的，也不會知道一個投資者來說，什麼是對、什麼是錯。所以，我們必須建構一些適合我們的「有用信念」。這就好像科學家在應付量子力學一樣。根據目前的各項理論（也就是「有用信念」），所有事物的基礎材料都是一

個夸克（一種假設的基本粒子），但人類卻發現「夸克」是沒有質量的，但基礎材料怎麼可能沒有質量——所以，「有用信念」的另一個名稱是「有用謊言」。所有非真理的事物——非百分之百真實的事物，以及完全不真實的事物都可以說是謊言，不過這個定義並非廣爲人們所接受。

2. 重要的是你要尋找屬於自己的「有用謊言」，這些「有用謊言」將構成你的投資哲學的基礎。

3. 同理，你應該依照自己的性格找尋適當的方法，不要被一些投資廣告傳單牽著鼻子走。不妨問自己：「什麼是適合我的投資方法？」，接下來再積極尋找它。

接下來，我就要告訴你這幾個簡單的七個原則了：

一、絕對要限制虧損金額。

二、盡力讓平均獲利達到平均虧損的2.5倍。

三、努力尋找一個能讓你擁有特定優勢的方法。

四、一定要能自在地使用你的投資方法，這牽涉到認識自己，只是很多人都羞於這麼做。

五、學會放手讓獲利持續增長。

六、學會精選投資機會。

七、學會控制自我破壞的行徑。

⑤ 承諾

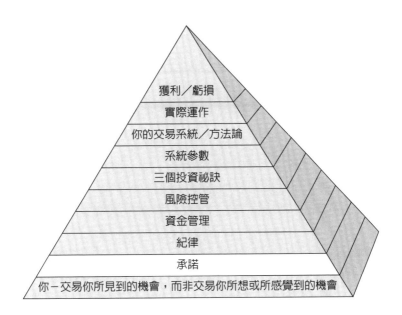

獲利／虧損

實際運作

你的交易系統／方法論

系統參數

三個投資祕訣

風險控管

資金管理

紀律

承諾

你－交易你所見到的機會,而非交易你所想或所感覺到的機會

對很多投資者來說,市場是隨機序列的產生器,市場經常會搞得你快發瘋,所以,如果你想要成為贏家,一定要對這項事業投注足夠的「承諾」。

市場的本質

究竟市場是不是隨機序列的產生器，完全要看你自己對市場的感覺而定。舉個例子，如果你選擇依據精確的演算法在市場上交易（例如隨機指標或移動平均線所使用的精確公式），那麼你就等於完全依賴市場給予你的一切。在這個情況下，市場當然就是隨機序列的產生器。但如果你選擇採用其他有「意義」的事物，那麼市場就不全然是隨機序列的產生器。不過，大多數人喜歡使用的「線圖型態」等都沒有什麼意義，以下兩點事實可以說明我的這個論點：

一、一件有意義的事情必須有一半以上時間是正確的。嚴謹來說，偏離這個「五五波」條件的變異必須具備統計學上的解釋。

二、我們經常見到市場在形成一個「型態」後馬上「夭折」。所謂的「型態」絕對不是一開始就存在，只不過，身為隨機序列產生器的市場一定會製造出各式各樣的「型態」，但這並不代表這些型態絕對是有意義的。

過去我是透過艾略特波浪理論（Elliott Wave Theory）才開始對市場產生興趣的，但我事後認為艾略特波浪理論就是典型「沒有意義」的例子之一。我之所以認為這個理論沒有意義，是由於市場一定會產生很多滿足該理論條件的隨機序列。當然，當中也有一些有效的型態，但有些卻無效，但我懷疑有效的比率遠遠低於50%。不過，現在我發現自己非常了解艾略特波浪理論了，所以我已經學會如何與它共處。我現在只會接受一些有附帶訊號（例如「無發展」

〔Minus Development；MD〕情況時，我們會在第18章討論）下的「波浪理論型態」。

　　說這麼多，究竟哪些情況是有意義的？依我個人淺見，唯一可以貼切描述市場的事實是：「不管是在多長的期間（一分鐘、三十分鐘、一天、一個月、一年等）內，市場都會出現從某一極端轉為另一個極端的走勢。」

　　金融市場是人類心理的一種展現，它被恐懼與貪婪主導。市場的高峰是由貪婪所造成，而谷底則是導因於恐懼。在非常長期的極端狀態下，我們就可以清楚見識到何謂貪婪與恐懼。人們經常會以「血流成河」來闡述何謂恐懼；不過，貪婪則比較特別，沒有人知道它長得什麼模樣。但如果你跳脫出來看，就可以清楚見到貪婪的模樣，其實它從未消失。市場「極端」狀態的關鍵特點是：此時價格被扭曲到過於不切實際。為什麼會這樣？因為在極端狀態下，投資者不是過度追價，就是過度殺低，因為此時人們容易做出情緒化的決策。所以，要戰勝自己，一定要擺脫自己的情緒。

　　我們一定可以察覺市場在什麼時候已經到達極端狀態。我建立了一系列的戰術來鎖定這些投資機會。

「市場概況」

　　另外還有一些工具可以使用，那就是彼得‧史戴多梅爾（Peter Steidlmyer）所發展出來的「市場概況」。這個概念非常簡單，它是建立在鐘形曲線上，而鐘形曲線正是以秩序取代混沌。「市場概況」是呈現市場走勢的另一種方式。其他的呈現方式還包括：

◆報價螢幕。

◆長條圖。

◆即時價位圖。

◆○×圖。

◆K線圖。

◆各式各樣的指標。

以上各種工具（其實還有其他方式，但本書無法完全詳盡描述）都是以不同方式來呈現同一件事物——市場走勢。但不管你決定採用哪一種方式，都會導致你錯失某些資訊，但卻也會獲得其他方式所未能提供的資訊。就某種程度來說，選擇採用以上哪一種工具算是你的第一個決策。什麼方式最有利於你觀察市場走勢？這個問題極端重要，而問題的答案則取決於你的投資方式，以及你希望透過以上各種方式取得哪些資訊而定。

所以，千萬不要本末倒置，你應該先判斷你需要什麼資訊，接下來再決定要採用哪一個方式。

千萬不要因為某人告訴你某個方式比較好而強迫自己去接受它，這是錯誤的作法。順帶一提，現代軟體實在非常好用，你可以同時在一個螢幕上列出以上幾種方式所呈現的走勢。我個人所使用的軟體就可以把以上所有方式都同時放在同一個螢幕上，而且這個軟體的費用並不高。不過，我並不會這麼使用這套軟體，因為我覺得沒有必要。

「市場概況」有幾個重要的觀念。我個人認為「無發展」（MD）是其中最重要的。MD只是一種顯示市場上堅定買進或堅定賣出意願的方法，這個方法和其他多數分析方法一

樣，都能透露出非常明顯的訊號。事實上，我認為如果一個
方法無法明顯讓人看出為何它是可行的，那麼這個方法就不
管用。MD有各式各樣的形狀和規模，但我認為最重要的是
「瞬間急漲」（spike high）或「瞬間急跌」走勢（spike
low）。事實上，我的多數交易都只和瞬間急漲跌走勢有
關。MD的關鍵概念是它可以顯示出快速遭到否決的價位。
你必須把停損點設定在這個價位點之上（或之下），這樣才
會比較有保障；而如果你希望得到「百分之百保障」，我勸
你最好是退出市場。

　　另外，「跳空缺口」也是MD的一種，不過我個人比較
不那麼喜歡跳空缺口，因為市場遲早都會試著去補足所有缺
口。原因很簡單：所有市場都是以達到最多交易量為目標，
只要觀察那些「經營」市場的人和他們藉由經營市場而得到
的報酬，就可以理解這一點。

　　就以期貨市場來說，這個市場是由交易所本身、期貨仲
介商和造市者等組成，也是由這些機構所經營，像金融時報
股票交易指數（FTSE）的交易所即倫敦國際金融期貨交易
所（LIFFE），標準普爾指數（S&P）則是芝加哥商品交易
所（CME）。交易量越大，這些機構就賺越多錢，所以，由
這些機構所組成的市場就是以達到最高交易量為目標。而為
了讓交易量達到最高，市場一定要有顯著的波動才行，因為
不同價位水準總會有不同的買家和賣家；或者應該說，每個
價位水準都可能會有買家或賣家，因此一個有效率的市場將
會利用上下波動的走勢，來測試每個價位水準是否有買賣
家。所以只要市場上出現跳空缺口，就一定會補足，至少在
交易活絡的市場一定是如此。

本章摘要

我們可以把市場視為隨機序列的產生器，如果你遵循一套精確的操作系統，就會發現市場的確是一直在「產出」隨機序列。

投資一定要有足夠的承諾才會成功。成功的道路處處充滿陷阱，承諾不足的人將輕易被淘汰。市場在任何期間內都會出現從一個極端轉向另一個極端的走勢。這是市場中亙久不變的真理。觀察市場走勢的方式有很多種，不同的方式將會強調不同的資訊，不過卻也可能較不重視甚至完全忽略其他要素。

「市場概況」和「無發展」都是觀察市場是否出現有意義波動的方法，因此，這兩種方法可能比其他方法更有用。

市場的設計是為了製造交易，並盡可能創造最高交易量。投資者必須將這個根本事實謹記在心。

⑥ 紀律

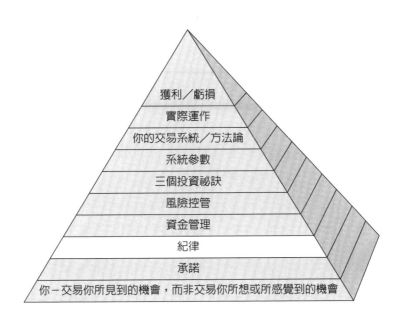

獲利／虧損

實際運作

你的交易系統／方法論

系統參數

三個投資祕訣

風險控管

資金管理

紀律

承諾

你－交易你所見到的機會，而非交易你所想或所感覺到的機會

交易金字塔的下一個層次是「紀律」。投資沒有紀律的人不可能有任何進展，理由很簡單，只不過這個理由的詮釋角度很多。

首先，如果沒有紀律，你就不可能確實遵循你的方法論，所以，實質上你根本就等於沒有使用任何方法論。在這個情況下，你的交易過程勢必非常情緒化，但情緒化絕非致

勝之道。第二，如果沒有紀律，你將不會自我約束，因此也無法克服自己的情緒和本能。就某種程度來說，以上兩個因素有點重疊，但後者（不自我約束）的影響層面更爲廣泛，牽涉到的不單是你落實方法論的方式而已。

關於紀律，最大的問題在於：如果天生就沒有自我約束的能力，有辦法培養出所謂的紀律嗎？我認爲答案是「可以」，不過，一定要有足夠的承諾才行。

你一定有能力培養明確的紀律，只要觀察軍隊的訓練計畫，就會了解紀律是可以培養的。不過，軍隊訓練是以一個龐大且有經驗的組織力量來壓制你，而且軍隊早就準備好不惜犧牲一切來達到它的目的，和你舒服地待在家中（家裡隨時充滿令人分心的事物）自行培養紀律比較起來，這根本是截然不同的兩回事。所以很顯然地，「自我約束」是展開「培養紀律流程」的根本要求。

另外，市場本身也會提供一點協助，只不過，這個助力可能不如我們想像中那麼大。最終來說，沒有紀律的行爲遲早一定會遭到市場的懲罰——有時候市場是以直接的虧損來打擊我們，有時候則是讓我們眼看到手的利潤全部化爲烏有。所以，在這個培養紀律的過程中，堅持紀律的個人投資者將在整個培養紀律的過程中得到有益的外界刺激。不過，由於「隨機增強原則」（principle of random reinforcement，意指當你做對某件事時，不見得會獲得獎勵，但做錯某件事時，卻也不見得會受到懲罰）的緣故，市場的助力並不像我們期望的那麼大。我稍後會再討論這一點。一直以來，市場總是傾向於獎勵不好的行爲——今天管用的方法，明天不見得管用，即使是所謂「最佳」交易模式也一樣；但相對的，

不良習慣卻反而總能得到回報——而這個不合理的事實正是為何人們總得花那麼多時間才能真正學會金融交易的關鍵原因之一。

紀律與交易金字塔

那麼，讓我們來看看交易金字塔裡的「紀律」層次。我們已經討論過金字塔各個層次之間的互動關係。現在，我想把焦點集中在這個互動關係和「紀律」之間的關聯性。在做自己很喜歡的事情時遵守紀律，和在做自己不喜歡的事情時遵守紀律，是截然不同的兩種體驗。舉個例子，如果你很喜歡某一種運動——假設是網球好了，那麼，你應該會覺得切實遵守擊球、計分、球場禮儀等方面的紀律並不是那麼困難，因為你非常享受這個運動的一切。但是，假設現在你要從事你最無法忍受的釣魚活動，那麼，要你切實遵守在鉤上置餌、拋線、耐心坐著等魚上鉤等等釣魚紀律，你的感受又是如何？你一定不會按部就班地遵守這些紀律；當你需要安靜坐著的時候，你可能會很粗魯、草率，也可能會坐立不安。金融交易的道理也一樣。如果你發現一個方法很適合你，那麼，你應該會好好遵守這個方法的規範；你將會盡量試著不要勉強把方形的木樁（你自己）硬塞到一個圓形的洞裡（你的市場方法）。這個道理可以推及金字塔的每一個層次。「資金管理」系統的設計是為了保護你的安全，讓你可以放鬆心情。在這樣一個輕鬆的環境下，你將會比較容易落實紀律。「風險控管」的功能也很類似，它會讓你覺得比較自在，這個功能也能發展一些技巧來幫你把損失控制在可接

受的範圍內。當然，這項功能的目標也是要讓投資者的處境明顯變得更舒適放鬆。再談到下一個層次：三個簡單的投資祕訣。這些祕訣的邏輯可說是無懈可擊，不過，我們必須學習如何使用這些原則，而學習的過程則有點費時，尤其是學習「放手讓獲利持續增長」原則。畢竟，執行停損的技巧幾乎和「放手讓獲利持續增長」的技巧完全相反。前者需要謹慎的監控和快速的行動（也許你可以利用「到價自動執行」的方式來幫助你執行停損），但是後者（放手讓獲利增長）卻需要採取稍微放鬆的方法，避免過早被「洗出場」。也就是說，停損是積極尋找出場點，但「放手讓利潤持續增長」卻是消極地設法避免出場。但是，當你學會積極尋找出場點後，要如何完全扭轉先前的觀點，學好另一個相反的原則（避免過早出場）？所以說，你真的需要時間好好學習。

一旦學會如何妥善運用這些投資原則，就很容易了解如何更加放鬆，並因此變得更守紀律。有些讀者可能會覺得把「放鬆」和「遵守紀律」這兩個語詞擺在一起似乎有點矛盾，甚至認為這是兩個完全矛盾的概念，不過，我不認同這個想法。我個人認為「放鬆」是「輕鬆」遵守紀律的基礎。並非要時時刻刻緊繃、隨時集中注意力才能做到遵守紀律；只要能「以特定方式做特定事情」就是遵守紀律。這些事情越簡單（因為這些事情是你所選擇的），你就越能在做事的過程中累積越多經驗，當然，隨著經驗的累積，這些事情對你來說就會越來越簡單了。

系統參數和紀律

　　接下來要先跳躍一下談金字塔裡的系統參數層次。尋找系統參數要花費比較多時間，理由不在於這些參數本身有什麼特殊的神奇力量，而是在於你必須先充分了解自己，才有能力判斷那個參數適合你。尋找系統參數的過程中存在一個回饋迴路，一旦你開始採用更精確的方法論後，這個迴路就會展開。除非你已經到達這個點，否則都只是在原地打轉而已，原因是當你開始利用某個方法論後，才會看清楚自我，從此以後，你才會知道在使用該方法論的過程中，何時會遇到困難。遇到困難後，你將被迫停下腳步，並捫心自問：「為什麼我沒有掌握到那個交易機會？」，或者問自己另一個更重要的問題：「為什麼我會建立這個和我的方法論無關的交易部位？」透過這個流程，你將發現自己經常會堅持一些無用的偏見、經常衝動地去從事一些無法賺錢但完全情緒化（此時你根本還沒學會如何控制自己的情緒）的交易。

　　當你了解自己的問題以後，就會產生一個回饋流程；而你可以利用這些全新的自我認識來修正你的方法論。最後，這個流程（將重複幾次整個迴路）終將帶領你找出對「你」真正有用的方式。而對你有用的方式不見得對其他人有用，所以，儘管有人喜歡宣稱自己擁有特殊且不對外公開的市場「祕訣」，但我卻不相信有這種事。雖然我可以理解為何有些人不願意讓外界知道他們的完整方法論，不過，我個人認為這些人根本就誤解了這整個流程。當然，越多人用「你的方式」操作，「你的方式」就會越無效。不過，即使是這個觀點也都有爭議，因為採用他人方法論的人有可能會適度修改

這項方法論，用他們自己的方式來進行交易（結果相同的方法就又變得不同）。但我認為沒有理由在這方面碰運氣，何必冒這個險？

本章摘要

紀律是必要的，因為如果沒有紀律，你就無法遵守自己的方法論，也無法控制你的情緒和本能。培養紀律的過程和肌肉訓練非常類似，不過如果能發展一個適合自己的方法，整個過程會比較輕鬆一點。

「隨機增強原則」是指市場通常會獎勵「不良」的行為，但懲罰「良好」的行為。遭受這種待遇是很令人沮喪的。

最後本章談及紀律和金字塔其他層次間的交互作用顯示：一定要依照自己的性格來培養金字塔各層次的能力。

資金管理

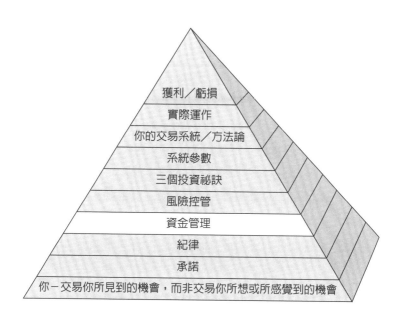

獲利／虧損

實際運作

你的交易系統／方法論

系統參數

三個投資祕訣

風險控管

資金管理

紀律

承諾

你－交易你所見到的機會，而非交易你所想或所感覺到的機會

我常強調，資金管理遠比市場分析重要得多，不過，我從未舉出實例子來闡述這個觀點。這一章的目的就是為了補上這個空白。

要說明「資金管理」遠比「分析」重要，其實很簡單。如果完全缺乏「資金管理」，你隨時都有可能會把全部身家財產押寶在任何一筆交易上。在這種情況下，即使你擁有全

世界最棒的分析系統，在一百筆交易當中，有九十九筆交易是正確的，但你還是可能在第一百筆交易被淘汰出場。另一方面來說，即使你的分析系統是全世界最爛的一個，但如果你擁有一個適當的資金管理系統，資金管理系統很快就會讓你知道你的分析系統很爛，而且它也能快速將你的資金風險降到最低程度。這樣一來，就算你連續十筆交易都是錯誤的，最多也只會損失大約10%的資本。經過以上說明，你應該馬上就了解「資金管理」與「分析」何者重要了。

　　資金管理是決定分析／交易系統是否管用的關鍵，而非以分析／交易系統決定資金管理系統是否管用。這個結論的意義是：投資進場方式並非那麼重要，重要的是出場方式。理由顯而易見，因為出場方式將決定你的整體風險、整體利潤以及整體掌控程度。不過，這是一個相當有爭議性的陳述。因為如果進場方式不是那麼重要，為什麼所有投資者都要花那麼多時間研究進場方式？其實答案很簡單：因為他們被誤導了。當然，進場方式很重要，但卻不像其他交易因素那麼重要，尤其不如資金管理和風險控管。一言以蔽之，你的進場方式不會導致你被淘汰，但出場方式卻會。你的進場方式無法為你獲取利潤，但出場方式卻可以。

　　記住：重要的不是進場方式，而是出場方式。

如何善用資金管理系統

　　那麼，實務上要如何使用資金管理系統？我接下來將透過一個例子說明隱藏在我自身經營的交易服務背後的資金管理規則。這些規則不僅可以適用我的這套系統，也可以普遍

運用到所有投資方法上。我認為我的方法論讓我擁有大約60%到70%的投資優勢，而隨機交易流程的勝率大約是50%。不過，「50%」這個數字並不完全精確，因為它沒有考慮到交易成本，但我們現在完全不會考慮這個因素，而且我要假設我的方法只能產生55%的勝率。接下來，就是要如何將資金管理系統套用到這個交易方法上。

假設一個投資者最多準備虧損一萬英鎊，一般來說，虧損20%時理當是出場時機，所以，我們據此假設這個投資者的資本為五萬英鎊，而他最多準備虧損一萬英鎊。在虧損一萬英鎊的條件下，我們的資金管理規則是：每筆交易的虧損不超過10%（也就是一千英鎊），而這一千英鎊就等於一口FTSE期貨合約賺／賠一百點，也就是兩口賺／賠五十點。如果我們採用這個方法，那麼必須連續十筆交易都失敗（也就是損失一萬英鎊──總資金五萬英鎊的20%）後，我們才會被淘汰出場。於是，我們以期望的55%勝率為基礎，計算出連續十筆交易虧損的機率。出現這種情況的機率是45%（失敗率100%減55%）的十次方──0.035%。也就是說，一萬筆交易裡出現這種情況的次數是三點五次。45%的失敗率也代表我們在十次交易裡有一次機會將會連續出現三筆虧損，一百筆交易裡連續四次虧損的機會有四次，一百次交易裡連續出現五筆虧損的機會有兩次。以上這些機率統計很合理，而我們也從中了解到如何監控這個方法，以確保原始假設的正確性。若能做到這樣，你就比較能繼續向前推進，也會對這個方法比較有信心。

當然，某些人可能認為一百點的停損標準有點高，不過，另外有一些方法能以低風險的方式來改善這個問題。你

可能也注意到，五分之一的資本承擔10%風險就等於全部資本承擔2%的風險。我個人認爲任何一筆交易所承擔的風險都不應該超過總資本的2%。

部位規模（position size）

　　以上是讓你認識資金管理系統的一種方法，我甚至認爲這是認識資金管理的絕佳實務方法。現在我要談談「部位規模」的觀念。假設你剛設計出一套新的交易系統，而這套系統的測試結果也讓你相信它很有用。再假設你有十萬英鎊的投資資金，你等不及要利用這套系統和這筆資金來賺大錢。於是，你開始交易，一開始就至少建立十口合約。這麼做對嗎？錯！紙上交易當然有用，交易測試也有幫助，但當你開始來眞的以後，遊戲卻會改變，因爲你將開始遭遇到你作夢都想不到的許多情緒與心理面問題。這些問題當然是可能克服的，但當你進入新的領域（例如開始利用新系統／方法操作）時，一定要先將風險控制在最低水準。事實上，優秀的投資者一定會隨時把風險控制在最低水平。所以，請不要一次操作十口合約，一次一口就好。一直到你的實際成果證實這套系統的能耐以後，再考慮增加部位規模。屆時，你就比較能用更量化的方式來衡量這個風險領域（全新領域），也可以在比較沒有恐懼的情況下，繼續向前邁進。接下來，再採取適當的腳步，逐漸增加你的部位規模，這樣才是正道。採用這個方法的好處非常顯而易見——萬一你的系統有一些瑕疵，你也不會因爲承擔過多風險而血本無歸（虧掉所有資本），另外，你也可以藉由這個過程逐步培養應有的紀律。

這麼做的損失是什麼？只不過是一點點時間而已。如果所有事情都依照計畫發展，說不定幾個月後，你就能用自己原先所偏好的部位規模來進行操作了。

　　實際上，幾個月的時間其實根本不算什麼。我覺得非常沮喪的是，我總是苦口婆心向接受我顧問服務的客戶解釋這個道理，解釋到我都要變臉了，他們還是沒有真正接納我的建議，一心只為车取暴利而過度交易。沒錯，也許他們能「苟活」一段時間，也許也能賺到一些錢，但隨著交易次數的大量累積，他們最後大概都逃不掉「跟市場說再見」的命運。

部位的監控

　　另一個有助於降低風險的方法是「在投資初期謹慎監控部位」。有時候，我們會經由柱狀圖發現市場明顯偏離預期的軌道。這種偏離現象是一種警訊，而且通常是非常強烈的訊號。事實上，我曾經注意過一個因素：一旦市場偏離某一個型態時，通常代表它將強力朝相反方向移動。這個現象的邏輯非常簡單：因為市場上存在非常多依據原始訊號來交易的人，這些投資者將因為這種突發的偏離走勢而被「觸殺出局」。就某個程度來說，是否需要密切監控部位，必須取決於你的進場方法論與這個方法論背後的邏輯與哲學。舉個例子，如果你的進場條件是「必須掌握到『不被市場接受』的價格」，那麼，唯有市場馬上拒絕這個價格，你才可以繼續保留部位。若市場並未拒絕這個價格，你可能應該依據這個理由退出該部位。畢竟你要找的是最好的投資機會，而如果

一個價位沒被市場拒絕，那麼它可能就不符合你的進場條件。不過你必須同時參照自己的投資風格與投資期間來做整體的判斷。此時，即時報價服務的價值就被凸顯出來了。當然，訂閱即時報價系統後，你也必須隨時盯著螢幕；比較危險的時段是一筆交易剛開始時，因為此時最容易受傷，所以，重點在於你是否有及早監控整個流程。隨著你的交易逐漸朝預期方向推進，投資者就可以稍微放鬆一下了。「停損」可說是資金管理系統的重要核心特質，我們將在第15章介紹各種不同的停損執行方式。我們將在那一章重新描述資金管理系統的一些重點，這也是很多投資書的主題。這些內容應該可以刺激你產生一些想法來改善你的投資方法。

8 風險控管

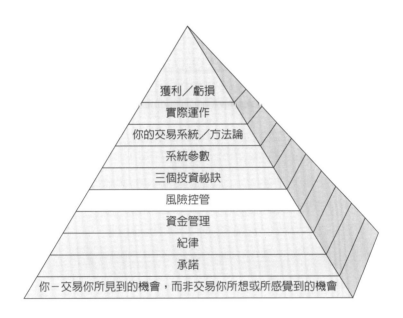

唯有能將風險控制在最低水準的投資者才會成為贏家。這一章是本書最重要的章節之一，所以讀者應該謹慎閱讀本章內容，並一定要確實了解所有內容。未能謹慎將風險控制在最低水準的人，不可避免地將付出慘痛代價，最後也難逃被淘汰的命運。

　　由於投資者會設法控制風險，所以市場經常在某個消息

浮上檯面後，馬上出現強烈的走勢，但這個走勢卻和新聞本身所代表的意義呈相反方向。大型的投資者之所以能持盈保泰，就是因為他們會先在消息浮上檯面前先盡量降低風險，一直等待風險降到最低水準（也就是新聞發布後）後，再進場建立和新聞意涵反向的部位。

風險控管的作法包括：

- 部位規模不要太大，這樣就可以降低完全被淘汰出場的風險。實際上，你應該完全消除被淘汰的風險。
- 除非已有足夠的帳面獲利可以緩衝，否則不要保留隔夜（這裡是指以期貨現貨交易而言）部位。然而，有些方法論專門利用一些適合保留隔夜部位的因素來獲利，這些方法論當然不受此一限制。同時，不要在休市的週末保留部位，道理和上同。
- 在重大消息發布前，應採取適當行動。最好不要保留未沖銷部位，如果已經有部位，也許應該降低部位規模。不過這一切還是要取決於個人的投資目標。

金融市場裡有兩種類型的風險，兩者都必須加以留意。第一種是市場本身所隱含的虧損風險、第二種是投資工具本身所隱含的虧損風險。我稍後（請見第10章）將會詳細介紹這兩者，不過，簡單舉個例子：因買進選擇權而產生虧損的風險遠比賣出選擇權可能產生的風險高；但賣出選擇權可能產生的虧損金額卻遠大於買進選擇權的可能虧損金額。這段描述充分展現了這兩種風險的特質，投資者一定要了解箇中的運作模式。

金融工具本身的隱含風險

　　首先，我們要討論工具本身所隱含的風險。要充分了解你的投資工具，一定要了解這項工具所隱含的風險，而且這也最基本的學習。舉個例子，如果以二十五點買進一單位的買權，此時，我們的最大可能虧損是二十五點，這是我們可能損失的最大幅度。所以，只要這二十五點虧損符合我們的資金管理系統所設定的虧損標準，那麼無論如何我們都會很安全。IBM、ICI、微軟或摩根大通全都有可能破產，而不管是什麼公司破產，破產就是破產，差異不大。但如果我們決定要藉由：一、賣出賣權；或二、買進期貨來做多——結果就會大不相同；不管是上述哪一種作法，我們都可能在指數期貨（或其他交易工具）上虧大錢；這顯然是非常不同的失敗形式。

　　這個問題引出了另一個非常有用的重點。身為投資者，我們應該盡可能多保留幾種選擇方案，因為在不同情況下，不同投資工具可能創造出優劣互見的差異成果。舉個例子，如果想在新聞發布前交易，選擇便宜的選擇權應該會比較好一點。如果預期市場將出現一波大走勢，但卻不知道市場可能朝那個方向發展，那麼投資一組便宜的選擇權（也就是賣權和買權）是不錯的方式。

　　我在1987年「黑色星期五」大崩盤前就是採取這個策略，我當時的標的是標準普爾100指數（OEX）選擇權。有時候，操作深度價內（deep in the money，即指比履約價或市價價格低廉許多的選擇權）選擇權可能比操作期貨更好。原因是：前者可能比較便宜；此外，隨著內含價值降低，前

者時間價值可能會上升；所以，深度價內選擇權的上漲空間可能比較大，但下跌風險卻比較低。以上要點在投資市場中都非常有用，因此，投資者絕對要充分了解自己投資工具的風險內涵。原因很簡單，因為這也會對市場本身的風險內涵造成影響。

市場所隱含的風險

接下來就要討論市場本身所隱含的風險。我的經驗是：當我們開始交易，就會樂極忘憂地忽略這個風險——所以，難怪有些人稱金融市場為愚人樂園。而忽略市場風險的結果，將導致我們遭受嚴重的打擊，並因此而變得恐懼。沒錯，我們現在又回到第2章所述的「投資者的成長歷程」，直到最後，我們才會變成「風險導向」，而這也是我們要達成的目標。所以說，「理解風險」是投資經驗的核心，一個人的投資經驗幾乎等於是學習「與風險共存」的歷程。我們將透過金融投資累積一種「學會與風險共存」的資產，這個資產甚至比金錢更重要。一旦我們學會控管風險，錢自然就會不請自來。就某種程度來說，本書要談的其實只是一種風險控管觀念。資金管理的終極目標就是要做到風險控管，而風控管險也是三個簡單交易祕訣的目標，更是整個交易系統所要達成的目標，而紀律就是幫助我們正確利用這些工具來控制風險的關鍵。不過，我們此處主要先討論如何規避市場上經常會發生的一種高水準風險——這種風險最常以「預期將發布的消息」的形式出現。

其他形式的風險

　　不過，市場上還有很多其他出人意料之外的風險。即使市場上已充分預期某個消息將發布，但消息本身的內容也可能會出乎多數人的意料之外。根據我的經驗，消息對市場的衝擊多數都是發生在市場開盤時，不過也非絕對如此。市場經常在開盤時出現劇烈走勢，這是因為它必須消化在休市期間所發生的一些事件。但隨著金融市場逐步走向二十四小時交易，這個情況將會逐漸改善。只不過，身為投資者的我們並不可能一天二十四小時都清醒著，我們總要睡覺；而且，所有這類全天市場也都有缺點，例如，這些市場的交易通常都很清淡，因此波動程度通常也會比較誇大。此外，就算一旦消息發布，你也絕對不可能搶到好價格。但這都不是重點，我認為針對特定消息進行交易是沒有任何道理的，因為消息本身鮮少真正產生影響——至少不會有持久性的影響。很多人可能因為不認同以上陳述而不接受我的觀點，但無論如何，市場亙久不變的事實是：「不管是在多長的交易期間內，市場都會出現從一個極端擺盪到另一極端的走勢」，在這個前提下，無論好消息或壞消息都不會產生明顯的影響。市場不會因某個消息發布而停止朝下一個極端擺盪。

　　導致市場達到兩個重要極端狀態（長期高點與長期低點）的是兩個重要但卻互相關聯的要素，第一個是「你不能不買股票」的極端心理（1990年代末期即是如此），另一個則是相反的極端心理——「股票的風險過高」（1970年代中期即是如此）。這些極端想法構成了極端的市場心理，也造就了不同時期的市場高峰與谷底。我們當然很難推算出極端

狀態將在何時出現，不過無疑地，市場隨時都會大跌，而且跌勢有可能已經展開。相對地，「股票的風險太高」的想法最後將形成一個極端低點，此時沒有人願意持有股票，於是，股票的唯一方向將是上漲。

就這個部分而言，市場就像一種機械式的儀器，它單向前進，在到達極端之前不會停止，而當市場到達其中一個極端時，則不得不反向移動到另一個極端。

不過，在操作衍生性金融商品（如前述的股票選擇權）時，我們不能指望從這些極大波的長期走勢中獲利，而應該著眼於較短期的市場走勢上。事實上，忽視任何一個極端都可能是錯誤，但還是請縮短投資期間，因為任何一個期間都會有一個（走勢的）起點。

再回到關於「消息」的相關討論上，以我個人的投資目的來說，我會利用消息來做進場（多或空）切入點的依據；而我比較偏好的情況是：市場對「壞」消息做出正面反應，或對「好」消息做出負面反應。原則上我並不認同這種分類，消息並無好壞，所謂好壞完全取決於個人的認知以及後續的發展。通常一些很好的事件發生後，反而會出現一些「壞」消息，而「好」消息也經常導致「壞」事發生。

所以，投資者應該善加利用適合自己的消息，不要把消息視為負面因素，只要在消息發布前調整部位規模（也許應該完全平倉，即以你原投資的部位反向買進或賣出出場），接下來再善加利用後續的價格走勢，為自己賺取利益。

我認為保留隔夜部位甚至隔週部位的風險比在消息發布前保留部位的風險更低。不過，市場休市的期間越長，發生的事情就會越多，因此，這也是必須列入考慮的因素。

本章摘要

如果你想成為贏家，一定要將風險降到最低。

市場上有兩種風險：一是投資工具本身所隱含的風險；二是市場本身所隱含的風險。

市場機制總是會把價格從一個極端帶領到另一個極端。一旦價格達到其中一個極端後，就只剩一個方向可以移動——那就是朝另一個極端擺盪。

無論是好消息或壞消息都代表風險，市場走勢才是判斷價格是否已達到極端狀態的絕佳指標。

三個簡單的規則
（323祕訣）

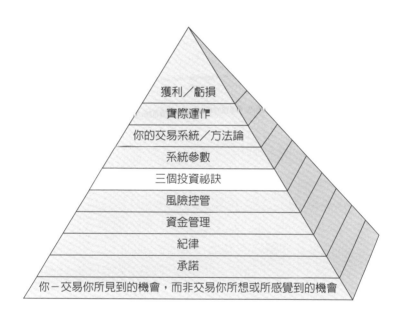

獲利／虧損

實際運作

你的交易系統／方法論

系統參數

三個投資祕訣

風險控管

資金管理

紀律

承諾

你－交易你所見到的機會，而非交易你所想或所感覺到的機會

　　我們在第5章討論過投資祕訣。隱藏祕密的最佳地點就是把它放在每個人都看得見的地方，這樣一來，就沒有人會認為這是祕密，所謂的投資祕訣也是如此。我把這一章的副標題訂為「323」，這是因為第三個祕訣的重要性出乎意料之外地持續上升。

祕訣一：執行停損

　　新手投資者一定要完成的第一項任務是學會執行停損。在學習投資的過程中，一定要在盡可能降低你的學費，所以，你一定要執行停損，因為這些損失都是你的學費。不過，一旦學會執行停損後，我們卻會發現自己老是會過早退場。雖然學會執行停損，但卻發現雖然自己建立過許多不錯的交易部位，可是在徹底執行停損的同時，卻也傾向於過早停利。這一點也不意外，因為渴望一切都稱心如意的「自尊」將會盡可能把所有它看到的獲利落袋為安。不過，這種傾向並不好，因為如果你想真的賺錢，一定要賺大錢，而要賺大錢，你一定要做到下一個祕訣：

祕訣二：放手讓獲利持續增長

　　好，現在你已經開始有一點進步了。你應該已經能以每次一口合約的方式，持續獲得穩定的利潤。不過，這樣還不算是一流的水準，你尚未走完第2章所描述的「55個步驟」，也還沒有完整經歷過那一章所討論的「投資者的成長」歷程。不過，現在，你可以開始履行最後一個祕訣。

祕訣三：精選投資機會

　　你必須學會如何精選最好的投資機會，這需要時間。你必須找出一個適合自己的交易方法，這樣才能縮小你在市場上的焦點。因為市場上需要消化的資訊實在太多了，所以，你應該先決定要使用哪一個方法論，把焦點集中在你需要的資訊上，並成為運用這個方法論的專家。當你完成這項任務

後，就能精準判斷出哪些是最好的機會，哪些又不是。在此同時，你也必須培養精神上的紀律，耐心等待這類絕佳機會的出現。

　　事實上，我還要傳授一個額外的絕招給你：

祕訣四：順勢交易

　　這樣一來，你交易成功獲利的次數將會明顯增加。

遵守原則

　　現在，讓我們看看在遵守這三個「簡單」原則時可能產生的實務問題。你也許會想，執行停損真是再簡單也不過了，這個觀念一點也不難。不過，停損觀念卻有很多包袱，它會讓整個交易變得複雜許多。不過，如果不停損，就會被淘汰，至少多數人是如此。

　　我們將先討論基本哲學。如果你「押」在任何一筆交易的金額佔總資本的百分比很高，那麼你將注定被淘汰。因此，你必須選擇一個只容許採用低風險進場方式的進場機制，意思就是，你必須把每筆交易的風險佔資本的百分比控制在較低水準。

使用停損

　　要做到這一點，新手投資者將被迫採用市場停損，因為新手鮮少有能力使用其他方式的停損。不過，一旦開始使用停損，交易內容立刻就會變得很複雜，因為你將老是在停損出場。雖然事與願違，但投資者一定要以平常心來看待這些

情況，尤其是當市場迫使你執行停損後又隨即回到你所期望的方向時。這種令人扼腕的情況將屢見不鮮！

不過，我認爲停損哲學確實非常重要，而且，在衍生性金融商品市場裡，我還沒有聽過任何人主張不執行停損，儘管我不得不承認確實有一部分不執行停損的投資者反而創造了更優異的績效。不過衍生性金融商品和股票不同，股票市場沒有擴張信用的問題，而且，如果是根據基本面操作，可能也不見得要執行停損。不過，初學者通常並沒有那麼豐厚的資本或經驗來承擔不停損的後果與壓力。

現在，再回到使用停損時可能遭遇的實務問題，這些問題的型態和種類繁多，各不相同。先從最簡單且會表現在日常生活裡的人性慾望開始討論。通常在見到某個我們很想得到的事物時，就會設法緊緊抓住它；而當我們看到自己不喜歡的事物，通常就傾向於不去想它——消極地以爲如果忘了它，也許它就會自動消失。在日常的現實生活裡，這樣的態度也許無傷大雅，不過如果用這種態度來對待金融市場裡的虧損，卻經常會導致虧損越滾越大。刻意忽略不好的事物是一種基本的人類渴望，因此，人類的「原始設計」原本就傾向於不要認賠出場；而人類的另一個原始設計則是盡可能快速把眼前的利潤落袋爲安。請想想你目前爲止的人生和你的生活方式，你認爲有沒有可能改變自己的一部分基本行爲特質？這會很難嗎？不過，如果想切實遵守前兩個簡單原則，就一定要改變這些行爲特質。

面對虧損

在開始交易以前，先確定自己是否即使經常犯錯也會保

持愉快，因爲這可能會讓你省下不少財富。

接下來，再回到食古不化的投資者「自尊心」。當然，大多數人都不喜歡犯錯，而且多數人把虧錢和犯錯畫上等號。我們每個人都傾向於避免認賠出場，因爲認賠出場代表承認自己犯了錯。有些投資者喜歡談論「新手投資者在承認自己犯錯前要付出多少代價」這類話題。你的代價是多少？一千英鎊、兩千英鎊、五千英鎊或是和我認識的某些人一樣——十萬英鎊？所以，在開始投資以前，先確定自己是否即使經常犯錯也保持愉快，這可能會讓你省下不少財富。

雖然我熟識的很多投資者都同意以上看法，但卻依舊難逃虧大錢的厄運。其實他們口頭說認同以上觀點，都只是欺騙我。通常逃避認賠出場的情況會發生在我們針交易內容做一些改變時，例如提高部位規模、開始進入一個新市場投資、或是爲了稍做改變而保留隔夜部位等。不管是什麼原因，這些原因（藉口）通常都是執行停損的絆腳石。除非你對這些交易情況改變已經比較熟練且經過多次演練，否則就算是最微小的事物都可能導致你無法適當執行你的停損政策。所以，一定要提高警覺，善加保護自己。

大多數的投資者總要經歷慘痛經驗才學會教訓，其中執行停損通常是最困難的，因爲這是最痛苦的決定。大多數投資者都會承認自己過去有嚴重錯誤的投資經驗，但我懷疑那些沒有承認的人一樣也經歷過嚴重的錯誤，只不過他們喜歡把錯誤隱藏起來，甚至連自己都騙。不過，坦然承認一定遠比否認來得好，尤其是私底下面對自己時。

這種慘痛經驗的演變過程大致上是這樣子的：我們建立了一個交易部位，但卻沒有設定到價自動執行停損，或者根

本沒設定停損，結果，隔天價格大跌。不管是什麼情況，這筆投資的確已經開始和我們唱反調，而等到我們發現時，虧損已遠超過我們所想像──這是第一個問題點。

事實上，我們先前一定曾試著演練認賠「x元」虧損的動作，但作夢卻想不到結果竟變成虧損「2x元」，於是，我們經歷了恐懼、拒絕面對、乃至懷抱渺茫的希望等等心路歷程──最後，我們將會產生以下想法：「我們禁不起這樣的虧損，所以應該把交易部位保留下來，不要認賠出場。」但這是錯誤的想法！正確的想法應該是：「我們已經損失那麼多了，所以應該馬上撤出這個部位」；只不過我通常會建議投資者另外設定一個停損點來執行這個決定，也等於再給這筆交易一點點機會。不過，這只是一種權宜之計，這麼做只是為了讓已經痛苦異常的投資者可以比較下得了手來執行這項決定，不會因斷然出場而感到心痛萬分。如果投資者不願意執行停損，接下來將會是更漫長的痛苦煎熬，有時候可能要忍受幾個星期以上的時間。最後，不執行停損的後果所造成的痛苦將超過其他痛苦，所謂「其他痛苦」就是指接受停損，認賠出場的痛苦。投資者不願意認賠出場的原因在於他們不願意承認自己虧錢，並一廂情願希望虧損可以自動消失，因為如果虧損自動消失，就不需要勇敢面對虧損，接受自己的蠢行。坦白說，在開始冒險投入資金以前，最好先承認自己是愚蠢的，只不過多數人很難做到這一點。

無論如何，在市場上，謙虛是非常重要的。

當然，以下情況也屢見不鮮：當投資者終於痛下決心執行停損，結果他的出場點卻正好是市場的重大轉折點。在這個情況下，投資者將感覺自己加倍愚蠢──他不僅因死抱虧

損部位不放，未及時停損而虧了大錢；好不容易下定決心出場，出場時點竟然又嚴重錯誤。附帶一提，在眞正成功以前，投資者一路上都要疲於應付這種愚行對自尊心的傷害。所有這類心理缺陷終將對你的投資造成影響，因爲這種心理缺陷注定導致你一直做出許多「被迫」的決定。我認爲所有情緒化交易都是被壓迫出來的，因爲情緒化的投資者根本無法眞正掌控他的舉動。此外，當一項事物（譬如與其他人之間的爭論）威脅到已經受傷的自尊心後，自尊心問題又會抬頭，此時，對於自尊心受創的人來說，有什麼方法會比繼續留在市場上交易更讓他們感覺好過一點呢？

　　再把焦點轉回在錯誤時點出場的苦主。市場是人類心理的呈現，大多數市場參與者總是放任情緒來主導他們的投資決策。至於每個人在任何一個時點所抱持的市場觀點，卻只深藏在他自己的內心裡。當眾人的情緒達到頂點時，市場就會抵達極端狀態──恐懼的頂點將形成市場的低點，而貪婪的頂點則形成市場高峰。就很多方面來看，人類是很相似的。舉個例子，有很多人坐在同一個房間裡，這時闖進一隻老虎，人們通常會出現很類似的衝動。如果房間有一扇窗戶，所有人可能全都會急忙湧向這扇窗戶。所以，市場將在高峰或谷底製造出最極端的情緒，這種極端情緒將導致新手投資者看破一切，放棄原本堅持不願結清的虧損部位。這種極端情緒一定會產生這種效應，而當最後一個買家或賣家（專指新手投資者）都被引誘出來後，市場就會反轉。

　　所以，執行停損雖不容易，但卻是必備的技巧，它和其他市場技巧一樣重要。不過，我們最終還是會熟練這項技巧，接下來就會進入第二項關鍵技巧──放手讓獲利增長。

關於這個技巧，有兩個重要的問題需要克服，首先，放手讓獲利增長是和執行停損截然不同的一種技巧，事實上，這兩者的原理幾乎完全相反。「停損」需要積極監控部位，並隨時做好準備，必要時應立即採取行動；但「放手讓獲利增長」卻是扮演比較被動的角色，主要就是要試著做到「無爲」。投資者在開始學習如何放手讓獲利增長以前，一定要先學會執行停損，因爲這兩項技巧的順序不同，新手不應該嘗試「放手讓獲利增長」技巧，因爲它太難了；這項技巧可能導致投資者無法順利執行停損，但停損卻是新手階段最重要的技巧。不過，一旦學會停損技巧，就該開始學習如何放手讓獲利增長了。

放手讓獲利增長

我先前曾提及：在見到美好且恰巧是我們夢寐以求的事物時，我們總習慣立刻緊緊抓住它。我們一生中不斷做這樣的事，但是，現在請改掉這個跟著你一輩子的習慣。

這不容易，不過倒是有些方法論可以克服這些困難。舉個例子，我個人的選擇權交易方法就可以，因爲這個交易方法非常短線，最長不超過兩個星期，而且我的目標非常明確。我「賣出」時間價值（即選擇權權利金減去股價與選擇權市價差的餘額），當時間價值幾乎完全消失時，我就會結清部位，很簡單吧。相對地，放手讓期貨部位的價值持續增長就困難多了，不過這卻是影響你生存與否的關鍵，請一定要學會培養這個能力。難處在於市場總是不斷在多空兩個方向測試與探尋商機；儘管市場上存在這麼多試煉，你還是必須保持堅定、不爲所動，這是絕對要體驗與學習的技巧。另

外，你也必須先設想好自己願意接受多大幅度的修正，並事
先想好趨勢反轉走勢要達到什麼程度才出場。就這些標準來
說，有一部分是指你在技術線圖上所看到的現象。你在線圖
上看到了頭部和底部嗎？或者你看到的是趨勢？你可能認爲
這種看待事情的方式很奇怪，不過事實上，這一點非常重
要。如果你同時見到這兩者，可能就無法安心放手讓獲利增
長。因爲如果你從線圖上見到頭部和底部，那麼，你將預設
立場，認定市場一定會出現頭部和底部；若是如此，你將注
定一再看到（自己心裡所設想的）頭部和底部，並因此而退
出一些不錯的趨勢交易機會。

　　以上內容很深奧，我並不要求你爲自己洗腦，不過你確
實必須知道人類心智的運作模式。

　　另一項要素是「放鬆」。我的結論是「謙虛」和「放鬆」
對金融投資的重要性不亞於資金管理、風險控管等其他要
素。如果你一直無法放鬆，那麼就經常會因爲受不了誘惑而
採取行動，而「採取行動」正是放手讓獲利增長的宿敵。

精選投資機會

　　第三個簡單的投資祕訣：「精選投資機會」的概念比較
簡單一點，不過，這是投資者全部工作中最難的部分。唯有
善於精選投資機會，你才算完成學徒的課程，成爲眞正的專
家。這整本書其實就是在討論這個流程，所以我不想在此贅
述這個議題。

順勢操作

　　我也不想多談任何有關順勢操作的內容，事實上，這是

一種老生常談。趨勢總是傾向於持續下去，總之，趨勢就是趨勢。所以，如果你順勢操作，就比較可能得到有利的成果。當然，每一種時段裡都會存在許多不同的趨勢，所以，你必須先決定好交易期間的長度。接下來，必須規劃好建立各項投資部位的方法，這些方法必須是低風險的方法。一旦建立部位後，你應該繼續握有部位，一直到趨勢改變爲止；當然，這也是要根據你所設定的操作期間而定。眞的很簡單，問題只在你執行的過程。

系統參數：
交易系統背後的思考

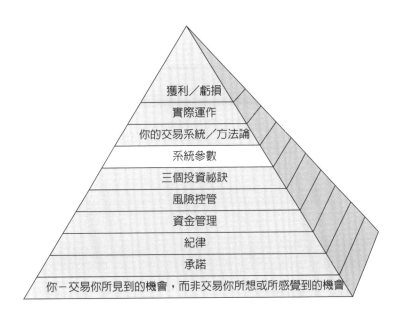

獲利／虧損

實際運作

你的交易系統／方法論

系統參數

三個投資祕訣

風險控管

資金管理

紀律

承諾

你－交易你所見到的機會，而非交易你所想或所感覺到的機會

市場上存在兩種類型的風險——虧錢的風險和虧大錢的風險。因為我們發現，不管是使用我們即將討論的三項金融投資工具（用來平衡這兩種風險）當中的哪一種，都不可能在完全不付出代價的情況下獲得最後勝利。如果是買進選擇權而虧了大錢（虧大錢的定義是指虧損超過你的原始投入資本）的風險幾乎是零，因為你能虧的最多就是一開始

所付出的金額。不過，我們也發現就機率來說，買進選擇權經常會虧錢。

　　另一方面，我們發現賣出選擇權（我把它視為另一種操作工具）的風險比較低，因為選擇權賣方獲勝的月份最多；只不過如果你從事賣出選擇權操作，一旦虧損，卻可能就此被淘汰出局。這個過程令人感到沮喪，但卻注定不斷重演、重演再重演。我認為對新手來說，期貨是最好的平衡操作工具。交易期貨虧損的風險大約是50/50（不過要取決於你的技術水平），但如果善加使用停損和風險控管（不在錯誤的時機保留部位），就可以嚴格限制（但無法完全消除）大幅虧損的機會。

　　讓我們依序來討論這三個工具。

買進選擇權

　　想透過這種方式賺錢，一定掌握正確的時間點和價格，因為你的起步點原本就非常不利（因選擇權溢價的緣故），這個問題很難克服，不過並非不可能。然而，要藉由買進選擇權賺錢，必須具備非常高深的技巧才行，新手投資者容易被這項工具吸引，因為他們通常會被「最大虧損僅限初期付出金額」的事實所吸引，但卻不知道如果利用這項工具投資，多數時間都會虧損。買進選擇權的另一個問題是：你必須有能力掌握快速的市場脈動，否則你將發現，當市場朝你所預期的方向進行時，選擇權溢價（時間價值）消失的速度將和內含價值上升速度一樣快。唯有非常優秀的人才能從選擇權賺到錢，如果你很優秀，就不需要我告訴你怎麼做了。

賣出選擇權

　　我個人多數的交易都是以賣出選擇權爲主，如果採用這項工具，你一開始就會先收進一筆大額資金，不過，要順利守住這些錢，一定要透過期貨市場避險才行。但是，結清這類期貨避險部位的時機與考量卻可能非常複雜。我將在第11章討論三個簡單的交易原則以及投資者的想法。除非你已經累積很多經驗，否則越複雜的交易就越像是噩夢。這種投資無擔保選擇權同時透過期貨部位避險的辦法並不容易上手，不過，這種投資模式卻會讓你獲得優渥且穩定的獲利潛力，只不過你得下功夫好好學習它。

期貨

　　一般約定成俗的觀念總認爲期貨的風險過高，不過，千萬不要相信一般人的共識，因爲多數人的共識經常是錯誤的。期貨可能算得上世界上最好的投資工具，不過，前提是你必須先了解一個入門技巧：執行停損。如果你確實遵循本書所強調的交易策略，那麼你一定只會選擇最好的機會進場，一旦發現錯誤，一定要快速出場；如果正確，則放手讓獲利增長。如果能做到這些，你就已贏在起跑點。

設計交易系統

　　那麼，你要怎麼設計你的交易系統？首先，第一步是要先有「架構」。所謂架構，就是指系統的目標。你希望這套

系統能為你做些什麼？你希望這套系統可以為你掌握趨勢嗎？你希望進行區間操作嗎？你願意承擔多少風險？你想追求的勝率是多高？

在這些參數當中，有一部分是會互相影響的。舉個例子，如果你設定的停損非常接近市價，那麼你的勝率就會降低。不過，只要期望是務實的，那麼就沒有理由懷疑自己能否達成期望。

在決定好目標後，下一步就是靜靜觀察：緊密檢視市場的走勢，並思考如何從市場走勢中獲取利益。不管你採用什麼交易系統，這都是個關鍵。你必須設法讓自己擺脫市場對你所造成的心理影響。你必須謹慎兩面推估市場的可能走勢，若不如此，你勢將每戰皆輸。

藉由市場走勢獲取利益的方法有很多種，不過主要是利用區間操作和順勢操作的方式。區間操作的意思是指尋找極端狀態，並在價格達到極端時進場，獲取從這一極端到另一極端的差價；而順勢操作是指試著掌握趨勢，一旦你的系統顯示趨勢已形成，就立即進場。你也可以將這兩種方法結合在一起使用。

不管是區間操作或順勢操作，都必須先設定好操作條件。你必須定義什麼是「區間」、什麼是「趨勢」。設定目標的同時也要設想好要如何掌握這些目標（區間或趨勢）。你可以用幾種不同的方式來定義「趨勢」。首先，在定義趨勢以前，你必須先決定要用多長的期間來定義趨勢。接下來，在這個期間裡尋找「趨勢」訊號。舉個例子，如果你想操作週趨勢，那麼必須設法利用週線圖來定義趨勢。一旦為確定「趨勢」的定義後，你自然就會找到屬於自己的趨勢指標。

舉個例子，如果你認為週柱狀線圖上的一個較高高點代表上升趨勢訊號，那麼這就是你的指標。相對地，你可能判斷高於前一天價格波動區間（請見第15與18章）的接受點意味一個上升趨勢，那麼這也可以作為你的**趨勢指標**。

　　順帶一提，我將以本章為前提，把討論焦點集中在順勢操作的系統上，不過這個基本的方法可以運用到所有交易方式上，包括趨勢操作、區間操作、價差操作或其他所有吸引你的方式。

　　先歸納一下上述內容——建立整套交易系統的所有必要條件包括：

- 你必須設定你的目標。
- 從這個目標來找到你的**趨勢訊號**。
- 接下來必須詳加考慮要採用哪一個資金管理系統，這一點非常關鍵。
- 資金管理系統將告訴你每一筆交易可以承擔多少風險，你則應該利用這項資訊來決定你的停損政策和部位規模。
- 接下來考慮並決定你的進場策略。
- 下一步是如何隨著交易的進展來調整你的停損點。
- 最後，你需要一個退場策略，雖然這有可能只是簡單等待停損點的到達而已。

　　到目前為止，我們已經討論過上述第一及第二項。我也已在第7章討論過資金管理系統。簡單來說，每一筆交易所承擔的風險都不應該超過總資本的1％或2％，最高忍受範圍是5％，不過我不建議你冒這麼大的風險，因為這樣一

來，就等於冒著被淘汰的風險。

　　接下來就是停損政策，一旦知道自己可以承擔多少風險後，就可以決定停損政策和部位規模了。不過停損政策是整套系統的核心。整個交易系統的意義就在於進場點和停損點之間的關係。到了某種程度以後，這兩點之間的關係需要一點魔法介入，因為這個根本要素不是用邏輯推演就可以判斷的，而必須用一種創造行為。你必須詳加考慮後再決定你的方法論，因為這是整個系統的心臟。

　　交易系統的設計需要觀察、思考、創造，接下就是系統的測試。雖然在創造系統時，你必須以自己的想法為基礎，但我還是想提供幾個有用的指導原則。在詳述這些原則以前，我要簡單說明我個人對購買現成交易系統的一些想法──發展屬於自己的系統絕對比較好，但如果你想在這個流程上抄捷徑，那麼，也可以直接購買其他人設計好的系統。不過，一定要確認這套系統是否和你的投資目標起碼有那麼一點相符，另外，千萬不要因為受不了誘惑而去買一套「黑箱」系統，千萬不要被拐了。以「使用後果」層面來說，「免費」交易系統的成本其實可能遠超過其他所有收費的系統。

時間價格機會

　　關於這些有用的指導原則，我先從「時間價格機會」（Time Price Opportunities，TPOs）開始說起。所有線圖都是由這些TPOs「磚塊」所堆砌而成，這些TPOs就相當於價格的最小升降單位。這些「磚塊」完全只是要反映各個時間

點實際成交的不同價格而已，這聽起來也許會讓人覺得很困惑。其實TPOs不過是史戴德梅爾的「市場概況」裡的一個用語而已。你可以利用TPOs建立任何你想要的線圖。不要受限於你已經知道的方法——諸如柱狀圖、點線圖或市場概況。你應該秉持冒險精神，發展一些可以呈現原始資料（TPOs）的新方法，不要只堅持使用原本已知的方法，應該找出一個更能配合交易系統的目標的方法來（也許你將成為下一個史戴德梅爾，能找出更好的市場觀察方法）。試著用不同的方法來利用時間和價格。在這個過程中，你可能會發現原來還有那麼多不同的概念可以使用。

而在觀察價格走勢（而非TPOs）的過程中，我們發現應該從多種不同層面來觀察：價格走勢是朝這個方向或另一個方向發展？價格已經超過前高或前低了嗎？價格是否已經大幅遠離前高或前低水準？某特定價格水準是否已經明確遭到市場嚴厲拒絕？某特定價格水準是否已經被市場接受？透過以上所有問題和問題的答案，你就可以大致了解你的交易系統可能應該採取什麼樣的運作方式。

我們可以從價格走勢中找到各式各樣的指標，這些指標能幫助我們看出各種不同形式的彎線與虛線所代表的意義——也就是未來走勢將朝什麼方向進行。

系統設計者必須從以上所有資訊當中選出一些能幫助他達成目標的資訊。我個人比較偏好的「指標」是「無發展」（MD），MD通常（不過不是每次）是一些瞬間急漲或急跌走勢。我偏好採用「瞬間急漲或急跌走勢」的原因，是由於這種走勢通常代表一種極端狀態，而設定在瞬間急漲或急跌水準以上或以下的停損點相對比較安全。我認為以「瞬間急

漲或急跌」為基礎的系統成功機率比其他系統高。停損點價位的設定十分重要，因為如果停損點本身有缺點，那麼整套系統也會有缺點。這個觀念又進一步帶領我們進入資料穩定度的概念上；較長期的資料比較穩定，因此也能提供比較理想的訊號；不過，缺點在於如果你使用較長期的資料，你將被迫採用較大幅度的停損，並因此承擔較高風險，相對來說，交易的合約數也勢必要降低才行。

長期與短期系統

這當中存在一個嚴重的兩難。如果你希望獲得最大利潤，應該採用短期的系統，但卻因此而必須採用較不穩定的資料，失敗的次數也會因此增加；相對地，比較好的系統通常是較長期的系統。我認識很多投資者都陷入這種兩難矛盾當中，由於他們的資金不多，所以他們的交易都過於拘泥於細節，而且他們還把交易視為一種致富的方法。也因如此，他們不得不採用較短期的系統，因為他們根本承擔不起長期訊號可能形成的壓力（因停損距離較遠），而且，他們通常一開始就過度急於等待這種訊號。相反的，有錢人非常重視他們的金錢，而這也是他們有錢的原因；他們只會使用謹慎的投資方法，這當然是指比較長期的系統，而且他們會很有耐性地慢慢等待訊號出現。很多投資者根本就不重視自己的金錢，而到他們學會重視自己的錢時，可能已經注定變成失敗者了。

不過，一套系統的真正設計並不見得需要因長期或短期投資目的而有所不同，除非這個長期系統是**趨勢**導向的，因

為就長期而言，市場傾向於形成明顯的趨勢。這一點可能會引導系統設計者朝兩個不同的方向思考。第一個方向可能是：「從趨勢的起始點A開始，到趨勢的終點B點為止，這兩點之間的價格必須相差很多」。所以，重點工作在於設定你的系統將會在哪一個點介入這個趨勢，而且最好同時也先在類似極端狀態之上（或之下）設定停損點。

　　另外，趨勢開始時，通常會出現類似型態的價格走勢，因此，重點工作在於找哪些價格行為可能意味反轉點即將出現。（我所謂的「價格行為」是指所有不同的指標以及這些指標在反轉點出現或趨勢延續時的表現。）

　　如果你能針對這部分內容寫下一些後續追蹤的紀錄，應該會有幫助。這樣一來，你也許會得到一些和系統設計方式有關的有趣見解。

系統設計總結

　　最後，我們終於要開始實地設計系統了。我們的目標是要掌握大趨勢，之後按兵不動，享受大趨勢所帶來的利益。我們將利用週線圖來判斷趨勢，與此有關的規則是：找出過去兩週所形成的高點和低點，在這種情況下，價格必須突破兩週內的高點才算是上升趨勢；另外，在第二個高點時，也必須見到市場接受點。此時，停損點是設在最後一個主要高點或低點。至於進場點的選擇，你可以單純地依照你所接收到的訊號來決定是否進場，也可以試著利用短期交易方法來掌握市場脈動。一旦獲利達五十點以後，就應該把停損點上移到損益兩平點，並一直停留在這個位置，否則，唯有見到

反向訊號時才能出場。

　　這個簡單的系統將精準掌握所有有利的走勢。前述的停損標準非常安全，而且還算接近。這個方法將可以讓你做到「放手隨獲利增長」。每年大概只交易幾次，有時候甚至只有一次交易機會。事實上，一次也不錯了，因為最好的交易機會不會無故輕易中斷，這類機會都會讓你源源不斷一直賺錢。

　　如果你能接受這個概念，接下來讓我們觀察幾個市場的歷史資料，來檢核這個方法的成效。FTSE指數有一次重大買進訊號是發生在1997年12月初，當時現貨指數大約是4990點。11月21日那一週出現了高點。原本的停損點應該是在4382點，不過，當市場上漲，應該快速把停損點上移到損益兩平點上。這筆交易大約賺了780點，而操作系統在1998年5月顯示應該翻空。此時，我們不是等待反轉訊號（觀察週線圖或觀察是否出現重大的反轉訊號）出現，就是等待停損出場。我們就先稱這套統為「TTT週系統」，詳如圖10.1。以上有一部分規則必須更嚴謹加以定義，但我的目的不過是要舉例，讓大家知道哪些系統可能適合運用到市場上。所有允許「賺大賠小」的系統都符合這個要求。

　　在上述情況下，雖然最初停損點的距離有點遠，但從另一方面來說，12月初的訊號出現以後，市場也從未回頭。不過，雖然這個例子的成果不錯，但千萬不要憑一個單一事件就判定一套系統的好壞。

　　就算成果不錯，記住千萬不要憑一個單一事件就判定一套系統的好壞。

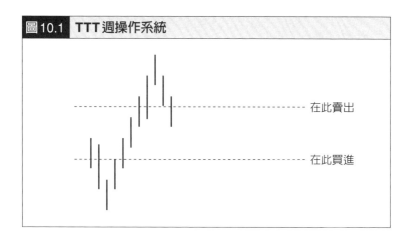

圖10.1 TTT週操作系統

在此賣出

在此買進

本章摘要

本書要討論三種主要金融投資工具，我把買進選擇權和賣出選擇權視為兩種不同的工具，第三種工具則是期貨。

交易系統設計需要考慮到許多重要因素，包括交易期間、停損政策以及資金管理等。

你必須決定好要從事「區間操作」或「趨勢操作」。

你必須事先設定期望目標，並設定你希望藉由系統的設計達到什麼樣的期望目標。在設計的過程中，主要的創造行為在於判斷市場走勢的那個要素將會形成買進或賣出訊號。

停損政策是最重要的層面之一，因為它將決定你的風險對報酬比率。

TTT週系統是可以在市場上創造正面成果的例子之一。

系統參數：簡單的交易原則及投資者的大腦

當一個概念被完全接受時，就是淘汰這個概念的時候。

——英國文人何爾布魯克‧傑克森（Holbrook Jackson）

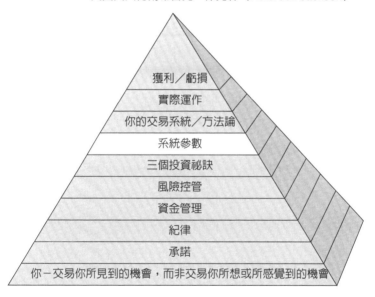

金字塔由上到下：
獲利／虧損
實際運作
你的交易系統／方法論
系統參數
三個投資祕訣
風險控管
資金管理
紀律
承諾
你－交易你所見到的機會，而非交易你所想或所感覺到的機會

我將在本章解釋交易流程、解釋「分析」的真正目的，並說明如何在市場上獲勝。

金融交易當然是一體兩面的，其中第一面是理論，也就是前述那三個簡單的原則；第二面是實務，這部分是由人類的大腦（包括所有情緒與本能輸入）主導。而這個公式非常

簡單：

簡單交易原則＋人類的大腦＝混沌與混淆

任何實際從事過金融交易的人都知道這個公式所代表的真理。

讓我們先討論「簡單原則」的部分。如果你的投資方法可以賺大（放手讓獲利增長）賠小（適時停損），再假設這個方法的成功率為50%，那麼整體來說，你將會獲得最後的勝利。理由非常簡單，因為雖然你每賺一筆錢也會虧一筆錢，但因為你知道要放手讓獲利持續增長，所以平均獲利的總和將超過虧損總和，因每一筆虧損都比較小。

分析（無論是技術分析或基本分析）的目的並不是要分析市場，而是用來建立你的系統／交易方法。我並不是詆毀「技術分析」的價值，畢竟系統的建立是攸關成敗的根本步驟。由於上述公式的緣故，所以我主張在從事金融作時一定要使用交易系統，系統確實可以創造出簡單的規則，而系統以外的其他事物都將讓情況變得更複雜，我將這個觀點歸納如下：

如果，
〔**簡單的操作原則＋人類的大腦＝混沌與混淆**〕
那麼，
〔**複雜的操作原則＋人類的大腦＝？**〕

問號所代表的是一個令人非常不愉快的答案，我早在投資生涯初期就已領教過這個慘痛的教訓。

交易系統

因此，投資者的目標應該很明確：創造一個能讓你掌握整體優勢的系統。成功率50%是個不錯的目標，不過，即使成功率低於50%，如果獲利增長的幅度夠大，一樣能賺錢。這時就該「分析」上場了，你要藉由分析來創造這套能幫你掌握優勢的系統。無論是「放手讓獲利增長」或「執行停損」都不容易，但只要學習，就可以做得到，所以這不必然會是個大問題。

我個人不喜歡統計類型的指標，而我個人是以史戴德梅爾的「市場概況」為基礎，再從中發展出我自己的系統。在浪費了十年的時間在一些「垃圾指標」後，「價值區」、「無發展」和「市場接受點」的觀念簡直就像世上最清新的空氣一樣。我將在本書詳盡介紹這些重要的概念。

關於「隨機」系統（或精確一點來說是「隨機進場」系統），我有一點話要說。我經常聽到有人說隨機系統很好用，所謂隨機系統，就好像是用丟錢幣的方式來決定進場條件。我沒有親自驗證過這個理論，不過，這個理論看起來存在一個邏輯缺陷。我也相信某些不設定停損點的隨機進場系統的勝率非常有可能達到50%，但這個方法無法讓你達成任何目標，因為長期下來，投資利潤與虧損的很可能會大致相等，但在過程中，你卻得付出大把交易佣金。而一旦開始使用停損點後，成功率很可能（應該說絕對）會跌破50%。姑且不論利用一套會虧大錢的系統進行交易後可能衍生的心理問題，光是算數結果（虧損數字）就可能會讓你痛不欲生。

就我自己的交易系統來說，我無條件接受「停損的邏輯」，這個邏輯的關鍵是要將虧損控制在較小金額，因此，關鍵要件就是進場點和停損點間的關係。這時就該「無發展」上場了──我的停損點通常是設在MD之上。MD就是缺乏進一步發展的意思。史戴德梅爾的這項發明讓混沌轉為有序。鐘型曲線也有相同功能，當市場停留在特定價格水準的時間比較久，就會產生一些發展。當市場只有很少時間或根本沒有停留在特定價格時，就會發生MD──也就是說，當這個特定的價格水準被市場拒絕時，MD就出現了。

停損水準也決定風險的高低，而決定系統成功率的因素則是風險和報酬的比率。總之，你一定要了解：創造一套能讓你掌握致勝優勢的系統並不難。

投資者的大腦

不過，交易系統設計只是第一階段，真正困難的是在執行，此時，輪到人類的大腦上場了。

在普蘭墨的那一篇才華洋溢的文章（本書的附錄有收錄）裡提到「三位一體」腦。簡單說，三位一體腦包括三個部分──也就是我們常說的「本能」、「情緒」和「思考」。思考部分對投資領域是有用的，不過，其他兩個部分卻不盡然有幫助。金融交易是一種高成本的業務，當中牽涉到太多金錢，而且存在虧損的風險，但相對也可能讓你獲得龐大的利益。大多數投資者都會犯「過度交易」的毛病，因此每次一交易就立刻承擔沉重異常的心理壓力，這一點也不奇怪，因為過度交易的結果很可能就是被淘汰，這是一個極端必然

的合理發展。而這些壓力將會啓動大腦的本能和情緒部分，這兩個部分一旦啓動，通常會導致你採取狂亂的行動。這對投資一點幫助也沒有，這兩個部分只會讓你在錯誤的時機做出錯誤的事情，讓你變得和盲目的大眾一般，讓你錯減一些好部位；總之，這兩個部分將會導致你做出所有會讓你注定失敗的事。

　　人的大腦有他自己的角色要扮演，這個角色和系統設計與績效監控有關，不過當系統就緒以後，大腦就應該放手不管才對，只可惜，這其實很難。

　　在本章一開始，我曾經提到我要解釋交易流程、解釋「分析」的眞正目的，並說明如何在市場裡獲勝。現在，我要就這三點做個結論。交易流程是指採用一套低風險的策略，你必須一直將虧損控制在低水平（比較理想的原則是總資本的1%到2%），並放手讓獲利增長（否則獲利永遠都不夠彌補你的虧損）。一套好的系統可以做到這一點，同時又讓你維持50%以上的勝率。沒錯，你還是有大約一半的時間會虧損，非常重視自己辛苦賺來的錢的人確實是不太容易接受這個結論。

發展你自己的
投資方法論

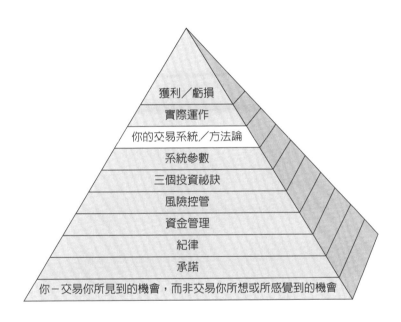

獲利／虧損

實際運作

你的交易系統／方法論

系統參數

三個投資祕訣

風險控管

資金管理

紀律

承諾

你－交易你所見到的機會，而非交易你所想或所感覺到的機會

　析的目的是為了發展你的系統，如此而已，學會控制你的情緒和本能後，你就可以確實依循你的系統進行交易，並得到最後的勝利；當然這一切都需要經驗的累積，不過我相信如果你知道問題的癥結所在，這個流程就能縮短（這是我個人的樂觀看法）。

　　我不可能告訴你要採用哪個方法論，我只能提供建議，

另外，也可以舉一些有幫助的例子，但是到頭來，你還是必須發展屬於你自己的系統，因爲唯有如此，你才可能切實遵守這個系統，所以，交易系統必須和你的性格相合，才能發揮效用。

　　我不知道該怎麼說才能清楚表達這一點的重要性，其他人的交易系統就算成功，你也不見得能好好利用它，原因有很多。你必須先釐清自己的性格，因爲你的性格和市場的關係非常密切。在了解自己後，你將發現自己有能力做某些事，但卻沒有能力做某些事；你將發現自己有某些優點，但也有某些缺點。所以，關鍵在於發展一套能充分發揮你的優勢且盡量縮小劣勢的方法論。不過，有幾個因素必須考量，其中一個是交易期間。如果你偏好抱持長期觀點，就沒有理由去從事當日沖銷交易（在同一天的交易時間內隨著市場脈動進出）。這一點可以清楚證明爲何其他投資者的方法論不見得適合你。

　　在介紹一些方法論的例子以前，我將先討論其中的一部分方法論裡的參數。

偏好的交易期間

　　你喜歡每日、跨日、每週或跨月操作？就某種程度來說，這代表你是否希望能掌握以上期間的市場脈動；用另一種方式來說，你是否希望能在你所選擇的期間內找到反轉點？一旦決定交易期間後，就會知道自己想追求什麼目標，進而修正你的分析，以達成目標。所以，你現在已經向前邁進一步了。順帶一提，一個方法論可能涵蓋許多種不同交易

期間的策略，不會只是「單選題」，不過，只選擇其中一種交易期間可能會比較適當一點。

交易型態

投資市場的方式非常多種，最常見的是「單向」的方法，這個方式是指當市場朝有利於你的交易部位的方向移動時，你將有機會獲利。不過，舉例來說，當市場波動不明顯時，賣出跨式部位（也就是一次同時賣出賣權和買權）的成果最好。

「套利」則是尋找短期異常現象，並從中賺取利益的另一種方法。此外，市場上還有避險、價差操作以及各式各樣的衍生性金融商品可以投資。如果你採用單向操作法，那麼還是必須選擇要進入哪些標的，諸如股票、認股權證、選擇權或期貨等；接下來，你也必須決定要做多或放空這些金融投資標的，只不過通常多空雙向都應該建立部位。

分析型態

首先決定你希望如何交易、判斷你希望利用哪些機會獲利，接下來根據這兩個條件來選擇你分析方法。

大多數人的分析方式都是錯誤的，他們只接觸某一種分析方法，像是艾略特波浪理論、甘氏理論（Gann）、指數平滑異動平均線（Moving Average Convergence and Divergence；MACD）或其他任何一種方法。當他們了解這些分析方法的運作模式後，就開始利用這些方法進行交易。

如果你認為這是順理成章的方式，那就本末倒置了。

任何一種型態的分析都只是為解答某些特定的問題而設計。當醫師在檢查病人時，會先找出症狀，接下來再決定是否進行進一步的分析，以便解答一些尚未釐清的疑問。沒有一個醫生是先成為腳部的專家，再開始針對病人的所有問題進行腳部分析的。

不過，多數技術分析師卻都是以這種本末倒置的方式來解決他們所遇到的情境：他們設法先成為某個方法的專家，但卻毫不理會什麼投資方式比較適合自己，一味堅持採用他們所專長的方法。對新手投資者來說，這個問題尤其嚴重，因為新手投資者通常只會一種方法。

這是「分析」的另一個負面特質，「分析」經常被用為方法論的基石，但其實「分析」只能算是方法論一個要素而已。你應該用完全相反的方式來看待「分析」的角色——先決定你希望如何投資、判斷你希望利用哪些機會來獲取利益，接下來根據前兩個條件來選擇你分析方法。不要用大家都知道的方式去使用大家都知道的方法，因為大多數人都會這麼做，而在市場上，大多數人都是虧錢的。你應該與眾不同，唯有如此，才能成為贏家。

我個人認為大多數分析都是浪費時間，多數成功的投資者都會選擇以自創方法來選定交易，我的意思是他們會自己設計一套方法論，而這套方法論會在特定市場走勢出現時啟動進場機制。如果市場符合他們所設的條件，他們就會採取行動，如果市場不符合條件，則按兵不動。

資金管理

它最重要的功能是絕對不要讓你被淘汰出場，第二個功能是讓你的獲利達到最高。

我在第7章已經詳細介紹過資金管理。我要用一個簡單的例子來解釋資金管理的目的。假設你擁有世上最好的進場與出場方法論——你的成功率高達99%，也就是說，在一百筆交易裡九十九筆賺錢——那你根本就不可能失敗。不過，在此同時，你偏偏卻採用了世上最糟糕的資金管理系統，所以，你每次的「押注」金額都很大。結果是：你有可能成為億萬富翁，但是，一旦那百分之一的失敗機會來臨，你卻將會失去一切。資金管理系統的設計是為了實現兩種功能，其中最重要的是：絕對不要讓你被淘汰出場，第二個功能是：讓你的獲利達到最高。

只要使用幾個非常複雜的公式，就能找出最適合的資金管理系統。不過，這些公式的基礎都在於你必須知道你的勝率。這是個大問題，因為即使你歸納出一個勝率，它也是一個「歷史勝率」數字，不見得能代表你未來的績效。基於這個原因和其他種種理由，我們將不會討論這類複雜公式。不過，我要重複強調我個人的一項觀察：在這些公式裡，有一個名為「最適F」（Optimal F），曾有個虧錢的投資者曾說「我整個敗在『最適F』上了」，聽起來真的有點讓人難過。

所以，我們不討論複雜的公式，而要討論一些基礎。資金管理系統主要為你決定：每筆交易承擔多少風險，而決定每筆交易的風險是兩個變數的係數，這兩個變數是部位規模和停損點。舉個簡單的例子，假設你的原始資本為一萬英

鎊，你可能決定任何單一部位所承擔的風險不能超過資本的5%。如果你所有部位承擔的風險都是原始資本的5%，那麼必須連續發生二十筆虧損，你才會被淘汰出局；但是，如果這裡面僅有5%的交易部位沒賠錢，那就算經過十筆交易，你還會剩下六千英鎊！

在採用資金管理系統時，你必須考慮到以下點：

● 你的投資額。
● 整體方法論的成功或失敗──沒錯，這是一個反思流程。附帶一提，如果你的方法論不成功，就換掉它。
● 損失金額和獲利金額之間的關係。
● 預估最大資金縮水幅度（也許你還要乘以二？）。
● 每次建立的部位數量。
● 交易的型態。
● 市場出現殺手型（激烈）走勢的潛力。

總之，資金管理是投資成功的絕對要素。

風險控管（RC）

我在第8章已經詳細介紹過RC，RC可以說是資金管理的一部分，不過它也有一個獨立的功能。你的資金管理系統將會「照顧」你到某種程度，不過，有時候市場卻可能讓你發生超過預期的虧損。舉個例子，假設你決定若FTSE指數跌破5700點就出清部位。但如果FTSE指數直接跳空跌到5650點呢？此時你的虧損顯然將因此而超過預期數字。

RC是嘗試避免讓這種局面發生的一種方法。所以，如

果看起來市場波動程度好像即將加劇時，你可能應該降低或甚至結清部位。當然，這個作法可能流於主觀，你也可能犯下「在錯誤的時機採取錯誤的行動」的錯誤（畢竟市場總是會誘使我們做這些事），不過在市場上，最關鍵的考量是——繼續活下去（活下去才有翻本的可能），如果有任何事物威脅到你的生存，你就應該採取行動。

進場方法論

　　總括來說，分析只是幫你達成終點的一種工具，僅此而已。而所謂終點就是進場方法論和出場方法論。也就是說，在這個終點，你已知道何時應該進場與出場，也擁有一個清晰的方法論。其他所有因素最後都將轉化為進場與出場行動，而這兩個動作最後將決定你的成敗。其中，進場方法論是比較容易的一個。

出場方法論

　　出場方法論比較困難一點，這可以理解。因為出場點將讓你的損益變得具體化。談到這裡，我要就我自己的方法論提出一些看法。我賣出選擇權，接下來會利用期貨部位來建立必要的避險。我很少結清已賣出的部位（除非獲利很可觀），因為我的目的只是要賺取時間價值。當選擇權到期或提早轉讓時，整個流程就完成了。所以在使用這個方法時，我會避免出場；只不過，如果這些部位變得非常便宜，我通常會結清部位，這是我的通則。

期貨避險也很簡單，因爲避險部位的建立只是一種進場，唯一困難的是要在何時結清避險部位，也就是出場方法論的問題。

爲了讓這一章的內容更加完整，我訪談了一個機構法人投資者，這段訪談更詳加闡明以上幾點看法。

對機構投資者的訪談

讓我先談談這個人，他不是在交易大廳工作，週遭也沒有很多和他從事相同工作的同事。他獨自工作，而他的資金管理公司和一些企業簽訂合約，爲這些企業進行資金投資。他喜歡目前這種「隱居」生活，因爲這樣就比較不容易受到市場心理面的影響，但這樣也是有缺點的，尤其是他看不到市場上的掛單量，而且無法像其他人那麼快速得到新聞和消息。

一點也不意外，在他的方法當中，「紀律」是一個很重要的關鍵。他表示，要具備以下幾個嚴格的條件，才可能在市場上獲得投資成就：

首先，你需要一個可以區分「價格」和「價值」的方法，這樣就可以找出優良的交易機會。在建構這樣一個方法時，分析是必要的條件，不過當方法建構完成後，分析的重要性就降低了。投資者必須能夠了解這個方法，而這個方法也必須適合投資者的性格。

第二點是，不管是採用什麼方法，你都必須能夠在犯錯後隨即出場，避免產生大額虧損。很多個人投資者的問題

是：任性地依照自己的想法交易，除非他的想法讓他們虧大錢，否則他們怎樣都不會改變自己的方法。

第三點，在建立任何部位以前，你都必須先釐清自己將在什麼時點出場。這個方法再次證明「你虧得起多少錢」是一個重要的考量因素，你必須非常注意這個議題。以這個投資者而言，如果沒有事先設定相當接近的出場（停損）點，他不會開始任何一筆交易。以FTSE指數來說，他的標準大約是四十點。不過，停損並非易事，而且他不會採用到價自動執行的方式。他傾向於等到市場價格成交在他的「停損」價，並一直停留在這個水準時再停損出場。如果市場瞬間急漲或急跌到他的停損水準，他並不會採取動作。不過，他也會利用「資金管理」停損，這個停損點高於（或低於）其他停損點，同時也是自動執行的。不過，資金管理停損點通常是設在一個「安全」距離以外的價位。

最後，整體來說，他的交易方法需要相當有彈性，因為它必須能夠因應瞬息萬變的市場情況。

以上四個條件和我不斷提及的「交易原則」之間有著非常密切的關係，讀者應該可以明顯見到其中的關聯。

這位機構投資者的資金管理方法非常簡單明瞭，他覺得不應該讓虧損超過25％，因為當客戶見到這麼大的虧損時，通常傾向於抽回資金。所以，他把25％除以十，這即是他願意對每一個部位承擔的最高風險。因此，如果他的交易金額是一百萬英鎊，那麼任何一筆交易所承擔的風險為兩萬五千英鎊，也就是一百萬英鎊的2.5％。也因為以上條件的緣故，他每次會操作三十到四十口FTSE合約（這是用以

前 FTSE 每一點需二十五英鎊來計算，目前每一點是十英鎊，所以他的操作口數將隨之提高），而停損點則是設在距離進場點四十點以內的位置。不過，基本上這個原則會隨市場波動情況而改變，如果市場波動性很高，部位規模將隨之降低。而在市場達到極端狀態時，他則可能增加部位規模，因為這種位於極端狀態的交易機會隱含一些「附加價值」。根據他的估算，因採用這個交易方法而導致他被「淘汰出局」的風險只有 1％，這個方法也可以讓資金回檔幅度（drawdown）下降到可接受的水準。這個方法論的平均成功率是 55-60%，而且他發現連續失敗的交易數最多只會有四到五筆，所以，採用這個方法的最大資金回檔幅度大約只有12%。發展出這個策略後，他從未有一年是虧損的，而且還有幾年獲得了非常豐厚的利潤。他從 1985 年開始從事這項投資，目標是每年賺 20%——這個數字對投資者來說，是一個非常恰當的標竿。

這位投資家說，「操作虧損是這個行業的家常便飯（對我們來說也一樣）。」

這是投資者在從事金融投資時所必須面對的一種環境。主控因素並非來自外部，主控因素取決於投資者的自我約束程度。投資者必須時時做到自我要求，尤其是沒有其他選擇的個人投資者。以這位投資者來說，他唯一的外部控制因素是營業員知道他的最大部位規模是多少，所以在營業員的管控下，他無法擅自超過這些限制，他不是想超過就可以超過的。因此他採用比較長期的交易，而他也表示，每個投資者都必須選定自己所偏好的交易期間。平均來說，他一個月只

會進入一種市場，也因此他預期一年當中總會有幾個月是虧損的。不過，他不會太過憂心這個問題，因為他認為投資虧損是這個行業的家常便飯。

操作的類型

我們現在要回頭談談這個投資者所採用的交易類型。這個投資者實質上是一個單向投資者，他會試著去掌握一些比較重大的行情，並利用期貨投資從這些行情中獲利。他會同時使用技術面與基本面要素，而他所秉持的基本交易方法則是從市場邏輯的基本原則中逐漸調整而來，他也會時時隨著現代市場的分布變動來更新他的方法。他不會妄想在最高點或低點進場，但只要一個部位還是有效的，他就會盡可能繼續持有該部位。他的交易方法是以其出場策略為基礎，他認為出場策略比什麼都重要。這個想法一點也沒錯，因為唯有出場點才能決定一個部位的輸贏與盈虧金額。他覺得很多投資者——包括機構投資者——把那麼多時間花在進場策略上很不可思議。每個人都沉溺在一些似乎能顯露出買進或賣出訊號的分析方法，但其實真正的關鍵卻是「何時出場」，而不是「何時進場」。因此他在各種不同市場裡使用過他的交易方法，而這個方法從未改變過。

不過，他比較聚焦在某些市場，包括美國、英國和德國股票與債券期貨市場。但他並不喜歡一次建立兩種部位，而這個方法進一步降低了他的虧損風險，這全要歸功於他的資金管理規則。他認為，基本上市場走勢是無法預測的，所以他從不主觀推斷市場將達到什麼水準；另外，他也認為過度

圖12.1 股票經紀人的價值認定

準備在此賣出　　　　　　　　　賣出價
（高於真實價值）

真實價值 -- 6005　最新報價

準備在此買進
（低於真實價值）　　　　　　　　　買進價

請注意：交易期間較長的投資者對真實價值的認定不同

沉溺於「市場預測」是導致很多投資者失敗的主要導因之一。不過，他也認為市面上確實有些方法論可以幫助投資者判斷目前市價是高於或低於其「真實價值」，投資者可以利用這些方法論來為自己謀取利益。他的方法論就是為了達到此一目的而設計。

　　舉個例子，一個股票經紀人認為目前最新報價正好反映真實價值。於是，這個股票經紀人將設法在低於這個價格時買進，並在這個價格以上賣出。因此，如果最新的報價是6005點，那這個股票經紀人的買進賣出價位可能會是6004/6006（點）。這個股票經紀人藉由這個作法，利用「真實價值」獲利（請見圖12.1）。我們所訪問的這個投資者也正試著要這樣做，不過他選擇比較長的交易期間。

　　這位投資者還提出一個和時間有關的有趣觀點，他個人認為這個觀點是多數投資者虧錢的另一個原因。

　　基於「市場上只有少數人會成為贏家」的事實，他喜歡在一些只短暫出現的價格進場交易。如果後來市場長時間停留在這個價格水準，導致這個價格變得時時都可成交得到，

那麼這筆交易的力量就會減弱。

　　舉個例子，如果他看到市場開盤在某個水準，接下來市場「拒絕」了開盤價並快速跳離這個水準，那麼他就會認為自己的成交價非常好（如果他在這個點有建立部位的話）。但如果市場又回到原先的這個水準，他會認為這個進場點的「價值」降低。進場點的關鍵只在於價格吸不吸引人而已。在大漲以後，價格一定會達到很高水準，這對買方是沒有利的，不過對賣方來說卻可能有利（在整個上升趨勢當中的「高價」賣出或放空是很常見的）；不過，唯有賣方能掌握到一個其他賣方無法成交到的價格（而且必須很快就無法成交到這個價格），他才能說他獲得其他多數人所得不到的優勢。

　　利用以上方法建立一個部位以後，他不是很快就停損出場（因為市場啟動了他的停損方法論），就是放手讓獲利增長，如果是後者，他接下來就會採用追蹤停損法，只不過還是繼續用同一個方法論來選定新的停損水準，而且這些停損點生效的方式也都相同。

　　他認為自己的整體交易方法講求機會主義，理由是他總是在有優勢的情況下才會進場；如果他被迫停損一筆交易部位，但後來又覺得這個部位將繼續朝原本的方向移動，那麼他可能會重新進場，不過合約數可能會減少一點。如果一個交易機會的停損點距離太遠，他一定會略過這個機會，因為他認為市場上符合條件的機會很多，不必執著於特定機會。

「投資成功的關鍵之一是當你有需要的時候，必須有進行交易的能力。」

他不喜歡機械式的系統，原因有兩個，首先，雖然這些系統可能有辦法掌握到好行情，但在過渡期間內，這些系統卻也會製造很多廢物。第二點是由於採用這些系統的人通常都不是百分之百了解這些系統的運作方式，最後反而導致這些系統失去效用。

再回到最重要的心理層面問題，他總是能順利規避一般投資者可能遭遇到的各種問題，原因是：首先，他很了解他的方法，第二個原因是他也證明這個方法是有效的，他認為投資成功的關建之一是：在必要時必須有進行交易的能力。很多投資者在進場以前都會和內在的自己天人交戰一番，這其實很不利於自己。如果你有策略，就應該執行它（假設這個策略是值得一試的，如果不值得，就不應該執行）。反正，無論何時何地都可能出錯，所以為什麼要讓這個事實變成你投資上的阻礙呢？

他把交易比喻成「無論外在考量如何，都一定要完成的一種運動」。他認為金融投資者就像一個參加奧運競賽的運動選手，一定要擺脫外部考量、家庭、朋友或財務情況等因素的干擾，並一直專注在眼前的工作。投資行為當然會對財務情況造成不同程度的影響，但他主張在從事投資時，不應該受到潛在財務後果的影響。

他覺得會對個人投資者造成負面影響的另一個因素是「無法克制的交易衝動」，也就是說，交易次數超過交易系統的方法規定。這沒有效率的，因為這代表你將建立一些不怎麼符合原始交易條件的部位，並因此導致整套系統的有效性降低。

最後，他發現其他人對投資事業多少也是有幫助的，不

過，真正有用的只有反市場觀點。所以，他總是自己制訂決策，不受其他人的觀點所影響。

總結來說，這個投資者認為市場具備一種平衡的機制，這一點毫無疑問；而他的方法論即是為掌握一些能經由金融系統失衡情況來謀利的交易機會。從這一點就可以知道，他的投資方法背後存在一個非常清晰的邏輯；他用一種非常守紀律的方式來實現他的方法論，而他的資金管理規則也讓他擁有必要的優勢，讓他可以順利推動所有投資。

本章摘要

發展個人投資方法論時需要考量以下因素：

- 交易期間、交易型態等。
- 分析型態。
- 資金管理。
- 風險控管。
- 進場與出場點。

最後，我對那位機構投資者的訪談裡，他提出很多要點和本書諸多主張一致，投資者應該重視。

實際運作

當大家都被斷頭時，如果你還以為自己可以保住自己
的大腦，那麼也許你錯估形勢了。

——無名氏

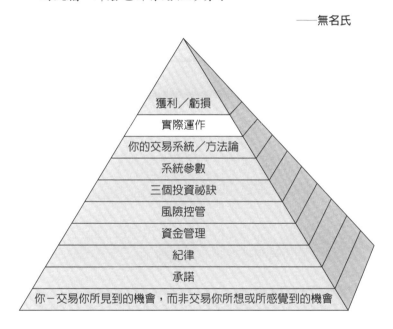

現在，我們要把焦點轉向實際的投資情境。市面上有很
多這類實務投資方法，也存在許多不同的投資者。每
個投資者都有屬於他自己的致勝方法。不過也有很多投資者
自始至終都沒有找到適合他們的方法，結果，這些人最後放
任自己被某個理由「踢出」市場；這些理由包括：交易過

度、資金管理系統太糟、缺乏承諾、不夠努力等等。

　　談到投資的實際運作面，我的思考流程和其他人完全不同。主要的關鍵在於「市場結構」——除非我已經見到一些顯示「趨勢出現了，大好時機已經來臨」的有利現象，否則我並不太會去思考關於交易系統或交易訊號的問題。唯有在前述情況下，我才會開始思考哪個系統最適用於這波行情的交易。這和很多人使用交易系統的方式有很大差異。

　　很多人都呆板地遵循系統的規則，但事實上如果從數學的觀點來看，市場幾乎可以說是隨機波動的，所以，有很多系統其實並無法幫助你達成目標，只是徒增交易帳戶的波動幅度而已。我相信你需要更好的系統。當然，你也一定需要一個方法論，因爲如果你缺乏一個可以告訴你該怎麼做的工具，那麼你將永遠都不會知道自己什麼時候流於情緒化交易，而不是用完整的系統精神投資。到達某個階段以後，你才會眞正明瞭該怎麼做才能修正掉一些「有害」的投資性格特質，而這個階段是一定要經歷的。

　　「市場結構」有各種不同的形狀和規模，不過，讓我們先逐項列舉這其間的投資者心理流程：

- 找出「市場結構」。
- 考慮後決定進行一筆操作（多或空）。
- 觀察走勢，以判斷哪一個操作系統最爲適當。
- 尋找訊號。
- 考量停損點／風險參數。
- 建立部位。
- 監控這筆操作。

● 必要時下停損單（請見第15章）。我個人比較偏好下
  「長停損」單，這樣比較不會一下子就到價。不過，在
  剛建立部位時，如果我沒有見到預期中的價格走勢，也
  可能很快就出場。

到這時，這筆投資可能會有三種主要發展：一、整個情
況快速變化到超出你的預期，你也因此被迫停損出場；你慶
幸自己完成一筆完美的交易，心裡的感覺非常好；二、 一
開始的進展就很順利，你也開始提高停損點，隨著虧損的風
險越來越低，你也越來越放心；三、整個情況陷入膠著，在
這種情況下，你可能決定「提早」出場。如果是這種情況，
一旦交易條件再度轉為有效，一定要再次進場，這一點很重
要。

我所選擇的「市場結構」都是和極端狀態有關，而我搜
尋的訊號是「再次測試」、「突破失敗」和「延伸失敗」。我
將在第22章討論前兩者，而最後一個是我個人最偏好的訊
號，這是指市場顯現出強烈的買進或賣出訊號後隨即陷入拉
距，最後又回歸到極端狀態以上，於是，真正的反轉情況就
此出現。我發現這個訊號經常發生在主要頭部和底部位置。

實際運作的困境

由於大多數投資者都完全受情緒主導，所以都會犯上過
度交易的毛病。當然，前面章節我們已經討論過這點，但老
是遲疑不願下手的投資者問題更棘手。他們的問題也許只是
和單純的「恐懼」有關，不過也可能是因他複雜的信念所致

（例如認爲投資不可能眞的能賺錢），這些信念會導致投資者
氣餒。

如果你的問題是恐懼，那麼有一個簡單策略可能有幫
助：先進行一段時間「紙上交易」，以便建立你對自己的交
易系統的信心。如果你目前還沒有使用任何交易系統，那麼
最好還是要選擇一個，因爲這總比遲遲無法下手來得好。

這個流程也許不見得管用，不過卻可以更精確鎖定你的
問題，再者，提升你對操作系統的信心絕對是有利的。

原因是所有問題都有它的解答，而這個解答可能會讓你
獲得很大的報酬。這就是我不喜歡把消息分成「好消息」與
「壞消息」的原因。若能用這種態度面對問題，你就會立刻
士氣大振，而且更願意把問題視爲一種眞正的挑戰。同時，
你也比較不可能陷入這些問題所形成的泥淖。

此外，如果願意謹慎分析、採取改善的行動（包括紙上
預演）、回饋、並進一步分析等，所有問題最終都會產生效
益。也許經驗證後，問題的解答不過是一些基本原理，但卻
可能是最有幫助的。此外，在這個過程中，你也可能應該徹
底檢討你的投資信念，這麼做絕對不會有害。

還有一個簡單且有幫助的方法，這個方法是以四個問題
爲主軸：

一、我想要什麼？

二、我計畫怎麼得到這些東西？

三、屆時我將擁有什麼？（並說明你預期將會有什麼情
緒。）

四、屆時我想要什麼？這等於是重複問題「一」，接下

來，再重複整個順序，一直到你得到「正確」答案為止。

　　你可以經由這個問題迴路學到非常多東西，並漸漸達到一種「無物」境界，這是很多神祕主義者與聖人窮其一生所要追求的。

　　畢竟，在金融市場的大環境下，沒有什麼事是一成不變的。你的成果將決定你自己這些假設是否成立。有些投資者在從事操作時會遇到許多問題，不過，有很多方法可以減輕這些問題的影響，至少，這些方法可以幫你鎖定問題的範圍。

獲利與損失

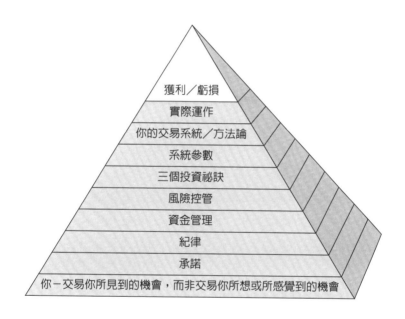

獲利／虧損
實際運作
你的交易系統／方法論
系統參數
三個投資祕訣
風險控管
資金管理
紀律
承諾
你－交易你所見到的機會，而非交易你所想或所感覺到的機會

我們已詳細討論過交易金字塔底下的各個層次，最後這個層次「損／益」非常簡單，它就代表你的成果。不過，這個層次卻也極端重要，它是整個金字塔結構的意義所在。如果你能夠穩定持續獲利，那就代表你建立了良好的金字塔結構。但是，如果你虧錢，那就代表金字塔的結構不良。不過，即便你有獲利，也不要誤以為自己已經到達終

點。這條道路沒有真正的終點，永遠都有進一步改善的空間。金融交易是一種真實的人生經驗。事實上，我發現在很多情況下，把投資邏輯運用到現實世界的生活裡，一樣行得通。

所有投資者都必須知道以下三個問題的解答：

一、為什麼大多數的投資者都會在市場上虧錢？
二、你要如何獲勝？
三、要如何轉虧為盈？

概略來說，這些問題的答案是：

大多數人之所以虧錢，是由於市場本身是一場非常負面的負和遊戲，而且在市場環境的催化下，多數人的行為都受到情緒的左右。

而你只要依循交易金字塔的架構就會獲勝。

至於要描述轉虧為盈過程的方法有很多種，第2章的「投資者的成長歷程」和「55個步驟」就是其中兩種方法。第三種是從情緒交易到機械化交易，再到直覺化（也就是專家）交易。在交易金字塔裡，這是一個很重要的流程。每個人一開始交易都難免隨著自己的情緒起舞，不過我們可能會死命否認這點，也不了解其實每個人都是如此。事實上，介入金融投資的第一步就是要了解我們根本就是隨著自己的情緒交易的。

在這個情況下，當初開始介入市場的理由有可能成為我們自己最大的敵人。我先前提過，投資者開始交易的原因鮮少是因為他們認為自己需要從事金融投資。典型的情況是：某人在其專業領域或商業界非常有成就，但為了追求新挑

戰，他開始進行金融投資。也許他覺得現狀有點無聊，而這種無聊感受正是促使他開始從事金融投資的主要原因，這又是種潛意識。所以你猜結果會怎樣？當這種人感到無聊時。他們就會交易。但是，當他們因無聊而進場時，市場上卻不見得剛好會出現低風險的交易機會。

列出可能對投資者產生影響的情緒驅動因子。唯有開始使用機械化的方法後，你才能清楚看見自己做了哪些不應該做的事。這樣一來，你才能開始了解投資不成功的原因。唯有如此，你才會有眞正的進展。我知道我一直在重複這些話，不過，這個步驟確實是成功的關鍵。

就這層來說，交易金字塔確實稱得上是一個有機的「活」結構。每一個層次都會對其他層次有所回饋，一旦你更了解你自己以後，就可以開始調整金字塔的每一個層次，讓這個金字塔更加適合你。這樣一來，終將找到眞正像是爲你量身打造的方法，而你則可以憑藉這個方法成爲專家／憑直覺操作的人。我並不認爲機械化交易是金融投資之路的終點，不過卻是這條道路上的一個關鍵步驟。當你擁有一個類（或純）機械化方法並成爲這個方法的專家後，才會有能力憑直覺判斷，剔除某些不適當的交易，這樣一來，金錢自然會滾滾而來，自動流到你手中，這就是本書要帶領你追求的終極目標。

執行與接受停損

停損是必要的嗎？

所有投資者都一定會問的第一個問題是：「我需要執行停損嗎？」

執行停損就像是一把兩面刃，它們可以創造很多有利的影響，但代價卻也很高。這樣說也許有點嘲諷，不過大多數投資者或許都不應該採用停損觀念，這樣一來，他們就會很快被淘汰——讓我省掉很多時間和困擾。

但事實是，我也需要執行停損，而且如果沒有執行停損，我根本就無法順利操作。有一部分原因是由於我完全依照線圖等指標進場。我的交易完全以市場走勢為本，沒有任何基本面的依據。例如，當我因一個訊號（例如「再次測試失敗」）而進場，一旦這個型態遭到破壞，我就必須出場。通常一個型態一旦到達某一個價位，就會失去原本的意義，此時我也會出場。不過實際交易時，情況並不會如此單純。我的整體交易方法是以每筆交易不承擔超過1％或2％的風險為基礎，所以，我根本承擔不起不停損的後果。所以，我

的結論是：對我來說，停損是必要的。

不過，對你來說，停損也許並非必要。我記得以前曾經在《市場大師》(*Market Wizard*)一書裡讀到一個投資大師的故事：他持有非常龐大的債券部位，有長達幾個月的時間，這些部位的走勢一直都非常不利於他。過去，我一直都利用這個例子來說明也許不執行停損也能順利度過難關；不過這個情況的前提是：如果你和那位大師一樣是世界上最優秀的基本面投資者，而且你有超多資金可以任憑你處置，面對賠勢仍非常堅定不移，能忍受得了這種損失的折磨，那麼你就不需要執行停損。

我還要更謹慎來檢驗以上這件事。關於不執行停損，有三個不同的要點必須注意：

一、如果你不想執行停損（我認為包括「精神停損」；mental stops），你的交易必須「有所本」，也就是必須以某些觀點為基礎——不管是基本面或技術面（或同時使用兩者），你應該要持有的立場是：當你的分析經證明是錯誤時，就必須出場。可惜，你可能永遠也不會遵守這個原則。舉個殘酷的例子：如果你認定一個市場過度超漲而予以賣出（放空），那麼你可能會很驚駭地發現，市場在你放空後卻繼續超漲，漲勢還維持了很長一段期間。不過，如果你的分析正確，並非常了解自己用的方法過去都能支持目前的觀點，同時也讓你信心十足，那麼你也許可以選擇不要執行停損，因為這個方法對你而言確實管用。

二、你如果沒有足夠的錢可以承擔那麼大的虧損，那麼你將承受非常大的風險。市場的表現可能遠超出你的預期；

也許你的判斷是正確的，但你卻依舊難逃一死。這就是我認為絕對要停損的主要原因。在投資學習階段，停損尤其重要，因為新手投資者通常都不太清楚自己所從事的行業有多麼險惡。

　　三、就算你是個絕佳的分析師，也擁有龐大的資金，但你的內心裡卻無法承受這些虧損所形成的壓力，那麼你也應該採用停損。

　　停損的種類有很多種，有時候不見得採用到價自動停損。但現在，我必須提出一句警語：如果你是個比較沒有經驗的投資者，千萬不要採用精神停損，因為這種停損方式可能會導致你的獲利遭到嚴重侵蝕，連經驗豐富的投資者也難免遇到相同的問題。新手投資者最好是在建立一個交易部位的同時，就先設定到價自動停損點。

　　在這場競賽裡，不同時間適用不同的原則。在初期階段，你的目標是要學會這門生意，並盡量降低學習的成本。經過一段時間以後，你就可以開始試驗一些比較進階的停損政策。

停損方法

　　以下是你可以考慮使用的許多不同停損方法：

- 單純的「到價自動執行」的固定停損點。
- 單純用「腦中想」的固定停損點，即精神停損。
- 時間停損。
- 以「市場接受點」為基礎的停損點（以下會說明）。

- 上升停損點。
- 下降停損點。
- 讓你重新思考部位但卻未必要出場的停損點。
- 資金管理停損點。
- 長停損。
- 結合以上一種或多種方法的停損點。

市場上還有許多不同類型的停損單可以使用，在不同交易所交易時，能使用的停損方法也不同。所以，這個議題有可能相當複雜。不過複雜的意思其實是「還有很多選項」，所以不要因此而退卻。關鍵在於你想要什麼，接下來著手去執行，當然，要先確定這個方法是否可行。

市場接受點

現在，我們要談談「市場接受點」。我將在第20章討論「瞬間急漲急跌」的市場走勢。市場上隨時都會出現價格瞬間急漲急跌的走勢，這種走勢會形成兩種效果：一、導致很多投資者停損出場；二、通常這種走勢是反映趨勢的良好指標。因此，你應該不希望因這種瞬間急漲跌走勢而停損出場，因為這類走勢通常會證明你的部位是正確的，但它同時卻又想害你停損出場。這個問題的解決方案是「市場接受點」，不過，天下沒有白吃的午餐，這是有代價的。

接受是拒絕的反面，也許先解釋市場拒絕點會容易一點。假設FTSE指數在4600點有很強的支撐（或者標準普爾指數在923點有很強的支撐）。再假設市場跌破這些價位，

但隨即又向上反彈——假設FTSE指數出現4597的低點，而標準普爾指數出現922.9的低點——但接下來，市場卻又強勁上漲，那麼這兩個點就是「市場拒絕點」，而且如果市場上的回應買盤足夠，這甚至代表非常強勁的買進訊號，後市不會只是反彈回到支撐點以上而已。如果我們持有多方部位，當然不會希望因為這種價格瞬間急跌而被洗出場。但是，如果我們一直等到價格跌破關鍵支撐點的情況被市場「接受」後再停損，就不會慘遭被洗出場的命運。以上例子是非常明顯的「市場拒絕點」例子，在短短幾分種內，市場就拒絕了低於關鍵支撐點的水準，再度上漲。

　　但如果價格持續停留在這些支撐點以下達一個半小時，而且還越走越低，那麼，就是非常明顯的市場「接受（停損）」。圖15.1和15.2分別以柱狀圖和市場概況圖詳細描述了這些情況。不過，這當中存在一個灰色地帶，每個操作者必須自行研判「接受」何時展開與「拒絕」何時結束，而這部分就要仰賴你的交易方法了。我個人發現，要找出明顯的拒絕點不太容易，所以，如果價格低於我的停損點，我很少會繼續保留部位達十分鐘以上。所以，你可以說，對我而言，拒絕點是在十分鐘後結束，此時「接受點」也隨之展開。投資者必須自行判斷何者對自己的交易最有利。就「市場概況」來說，停損與否的認定完全和「無發展」與「發展」有關。在「市場概況」的定義下，價格急漲急跌是指不超過兩個三十分鐘的柱狀體（也就是TPO串）。市場接受點則可以說是價格跌破低於關鍵支撐點後的「發展」。「發展」要花上三個三十分鐘的柱狀體（也就是TPO串）。所以，如果見到價格低於關鍵支撐點達一小時以上，就必須接受停損的命運。

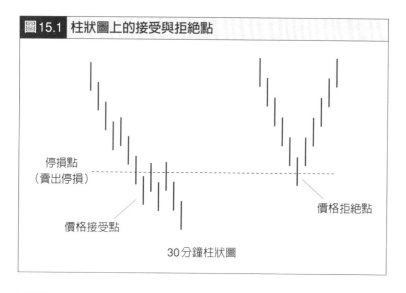

圖 15.1 柱狀圖上的接受與拒絕點

停損點
（賣出停損）

價格接受點

價格拒絕點

30分鐘柱狀圖

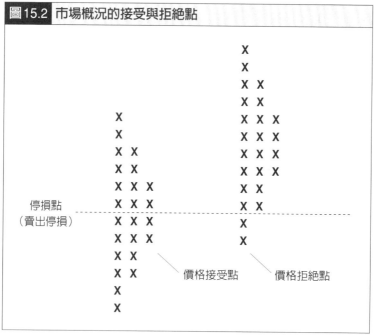

圖 15.2 市場概況的接受與拒絕點

停損點
（賣出停損）

價格接受點

價格拒絕點

　　這個概念之所以好用，原因在於於我們得以藉由這個概念繼續保留真正大漲／大跌的部位。所以，這個方法的獲利潛力是很大的。不過，這麼做的成本則是：如果我們被停損出場，停損價通常會更差一點。因此，你必須好好衡量風險（額外的成本）和報酬（額外的報酬）之間的平衡點。不過請一定要記得，這確實是一種低風險交易機會，因為它的成本總是很低，但獲利潛力卻非常大。所以我建議你可以採用。不過，這個方法不適合新手，除非你在需要出場時能夠且願意出場，否則不應該使用這個方式。

你需要投資教練嗎？

如果你認為教育的成本過高，那無知的代價更昂貴。

——教育學家德瑞克·波克（Derek Bok）

請投資教練（trading coach）的費用不低，不過就我個人的經驗來說，這些成本遠比很多人在市場上虧的錢少很多。

我認為交易技巧是最難學得會的技巧之一，不過，又有多少投資者曾花錢請過投資教練來幫助他們學習交易呢？如果是談到學習高爾夫、網球、航海或其他大多數的活動，我們可能不假思索就會花大錢請別人來教導我們學習相關的活動技藝，不過，我們卻不會想要花錢請人來教我們交易，因為我們認為這看起來是兩碼子事。

一旦進入市場，情況就會變得很蠢。在市場上賺錢並不難，不過你得學會很多事情（你也必須捨棄很多惡習）。透過你自己的投資經驗和類似本書的投資書籍刊物等，你將學會一些事情，不過這並不夠。你還必須學著實地去做一些你藉由自己的聰明才智透過這些讀物所學到的事情，只是經驗

證明，起而行真的很難。

打高爾夫的人也很熟悉這個問題，他們「知道」如何揮出漂亮的一桿（理論），但在緊張當前時，實際揮出的那一桿（實務）卻是另一回事。在金融市場交易也一樣，光是知道「應該做什麼」是不夠的。這就是你需要投資教練的理由，他們不僅將幫助你知道應該做什麼，更會幫助你真正著手去做這些事。

和教練合作

市場上有很多這種投資教練，我所知道的有：亞迪恩·托福瑞（Adriene Toghraie）、樊恩·薩普（Van Tharp）以及馬克·道格拉斯（Mark Douglas）等三位，而我本人也從事一些教練工作。以上三位投資教練都住在美國，每個人的背景經驗和方法都不同。

後來我決定選擇托福瑞做我個人的「教練」。這得話說幾年前，我曾經做過兩個重要的投資決策，第一個是決定設計並使用一套交易系統（事實上不只一套），第二個決策是決定停止投資選擇權（不過我現在已經修正這項決定）。這兩個決策讓我的交易變得非常不一樣。當我開始使用交易系統後，才開始了解到自己的弱點何在——為什麼那一套系統賺得錢比我自己賺得多？而當我停止投資選擇權後，我更看清楚自己的作為。事實上，我決定要讓自己變得更「系統化」的決策是讓我決定停止投資選擇權的原因。現在我清楚知道自己有哪些地方需要再改進——其實就和很多讀者需要改善的領域是一樣的。

　　我必須插上個題外話，當我真正看清當初決定不再交易選擇權的心理後，我又重新開始了選擇權投資。

　　首先，我了解到應該減少交易次數（我過去受太多不同的訊號所影響）。當你成功一次以後（這尤其是個問題），就會因此而變得過度自信並進而接受你所看到的全部訊號。但是，隨著你交易次數增加，你的利潤卻會又會快速消失。過去幾年我有許多客戶都表示，他們覺得無法理解為何自己總保不住一路上所賺到的利潤。

　　遵循系統化投資後的第二個領悟是，我必須更常做到「放手讓利潤增長」。以上兩個問題都和情緒方面的紀律有關，此時，就該投資教練登場了。他們會查出是哪些因素導致你無法落實紀律，接下來，他們會提供一些方法讓你依循，幫你強化內在紀律，同時繼續支持你，直到這個方法見效為止。直到此時，你才能體會原來當初所付的教練費用和你從市場上所賺得的錢比起來，實在是微不足道。

　　現在的我每次都能順利達到目標。但過去的我也曾經因接納太多不同訊號而流於過度交易，是托福瑞建議我在進場以前，應該先就各個交易機會進行評等，只選擇最好的機會下手。我發現這是一個有用的紀律。另外，我從過去的經驗中學會必須放手讓利潤增長，而我現在也有能力做到這一點。

　　說完了我從投資教練之處受益的經驗後，在此仍得強調有些讀者可能不了解停損的重要，或不願意培養執行停損的紀律。這兩個問題通常是新手在投資生涯早期可能最嚴重的兩個問題，而且，也是可能導致你產生致命虧損的嚴重問題。致命性虧損就是致命性虧損，我不是開玩笑。你心裡應

該要有一把尺，知道什麼金額的虧損對你而言是一種致命性虧損——就像眼鏡蛇捕食獵物般致命的威脅。我們都有過這種經驗，我個人當然也曾經歷過。而唯有經歷過這種致命性虧損，我們才會了解到停損與執行停損紀律的重要性。

第二部
交易技巧與方法論

進場交易的基本原則

在我寫的第一本書《交易實戰手冊》（*Trading Manaal*）裡，曾建議投資者賣出平衡的部位（即一面「賣出賣權」，同時也「放空買權」），這個策略不會受主觀意識對未來市場移動方向的判斷的影響。這是個有效的策略，但根據我執行這個策略多年經驗顯示，也許還有更好的辦法——先單純地建立單向部位，也許是放空賣權或放空買權（而非兩者並進）。

在市場上，「放空」部位代表賣出市場，「做多」部位代表買進市場。

我知道有些讀者對「多」、「空」的表達方式感到有點混淆，所以我要花幾行文字來解釋這兩者。在市場上，「放空」部位代表賣出市場，「做多」部位代表買進市場。相似地，「放空」選擇權部位代表賣出選擇權。如果你是「放空」買權，那你就是持有空方部位，也就是說，如果市場下跌，你將會受益。如果你是「放空」賣權，一旦市場上漲，你也會受惠，因為你是「做多」的。

但我現在認為建立單向的部位會比較好一點，原因非常

簡單——最好的市場邏輯全都很單純。相較於「被迫避險」的策略，直接持有單向部位的優點是：如果你的方向正確，那麼交易起來不僅簡單很多，獲利也更大；但如果要採用避險法，則一定要持有兩種互相平衡的選擇權部位，這不僅複雜，也會兩相抵銷獲利。此外，如果你的交易方向真的錯誤了，稍後再開始介入平衡部位也不遲。沒錯，也許這樣做會讓你浪費掉一些時間，而且無法在較理想的價位進場，不過我個人認為，前述缺點只是為了以單向部位獲利的一種合理代價而已。換言之，這是一種低風險的交易機會。不過，我必須特別提出一個警告，所有交易都必須考慮到價格。

我在 1997 年時，由於 FTSE 選擇權市場的溢價非常誘人，因此發展了一個很不錯的選擇權策略。那個策略直到1998 年底都還很管用，只是當時市場波動性過大，對這個策略形成了負面影響。所以，以上所有原則還必須配合當時的市場情況而定。

以上結論可以推演出幾個要點，首先，當市場趨勢形成且持續前進時，方向通常是非常明確的——我想每個投資者都深知這一點。在趨勢很明顯的情況下，我們應該順勢而為，不應逆勢操作。如果你是持有兩相平衡的選擇權部位，至少會有 50% 的機率將和市場唱反調。第二點，我曾在以上內容提到過，如果是採用平衡式的放空選擇權部位，一定要進行避險；然而，在提出這種說法的同時，我其實還做了一個未詳加說明的假設（請一定要很小心因應這種假設，因為這些假設很可能會對你造成傷害）。

這個假設是：你必須放空「近價」（close-to the-money）選擇權——也就是履約價接近當前市價的選擇權。但有些投

資者會賣出深度價外選擇權，在這種情況下，不見得有必要避險——因為在賣出深度價外選擇權時，你賺到的溢價獲利通常還不夠支應避險部位的成本，這也是我不選擇這種策略的原因。

影響交易策略的普遍性原則

談到這裡，我要列出我個人認為會影響到所有交易策略的幾個基本要點：

一、市場上必定存在一個邏輯，不管你採用什麼交易策略，都會受到這個邏輯的影響。

二、如果你不採用一套有紀律的策略，那就等於是依自己的好惡交易，而個人好惡充其量只能算是隨機交易罷了。

三、如果你採用一套有紀律的策略，那麼，你將開始有機會了解自己的心理對投資的影響，自此以後，你才會有真正的進展。

四、採用平衡跨式部位的市場邏輯會讓你多數時間都賺錢。但是，每六個月左右，你就會遭遇一段痛苦期。這多半是基於人類心理作祟，因為當一切都很順利的時候，人們就會傾向於增加部位規模，在這種情況下，一旦發生問題，就很容易被淘汰出局。

五、不管你是賣出近價或深度價外選擇權，都會遭遇第四點描所述的情境。深度價外選擇權的問題在於你的虧損金額將超過全部獲利金額。

六、市場總是吸引大多數人朝即將形成的**趨勢**的相反方

向交易。

七、第六點正是很多人寧可採行平衡式部位的原因：反正橫豎都會持有錯誤方向，何不至少做對一半方向？但我認為這個邏輯是錯誤的：首先，因為「做錯一半」可能衍生的問題比「做對一半」的潛在利益更嚴重。第二，想提高「做對方向」的機率，有很多方式可以嘗試，所以不需要選擇總有一半做錯的方式。

八、市場上經常可能會出現方向明確的中期走勢（指未來幾天的走勢），然而，根據這項訊號來賣出選擇權，確實會引發交易期間方面的衝突。例如，根據一個只會讓你擁有四天優勢的訊號來賣出一項要四個星期以後才到期的工具是合邏輯的嗎？

九、不過，賣出選擇權確實是種低風險的策略，關鍵在於如何按照自己的交易風格邏輯善加利用這個優勢。

十、操作者必須解決的另一個重要問題是：一次就建立好所有部位？或者應該分批建立部位？

十一、執行停損與放手讓獲利增長。我們的心理層面讓我們傾向於做正好相反的事——當我們見到有獲利，就傾向於盡快把利潤落袋為安，擔心自己獲失去這些利潤；而當虧損時，則一廂情願地期待虧損情況會自行逆轉，並假裝視而不見。這兩種反應所形成的後果就是：過早停利，但卻放手讓虧損持續擴大。這是錯誤的，它的邏輯很清楚，虧損當然難免，但如果希望利潤超過虧損，一定要學會放手讓獲利增長。

十二、市場走勢總是會超出人們的預期——一旦市場開始朝某一個方向移動，通常都會延續這個走勢。因此，急於

在回檔時建立和原走勢相反的交易部位並不是很合邏輯。如果你想在回檔時建立和原方向相反的交易部位，一定要有一個很接近的交易參考點。其實，最好還是等待「低風險交易機會」出現後再出手，不過，就我的經驗來說，通常回檔時不會出現這種低風險交易機會。

低風險的交易機會

成功操作的一個要素是發展低風險的概念，越有低風險概念的投資者將越成功。我個人主要是採用以下幾個概念：

一、賣出選擇權。使用「市場概況」系統，在超漲時賣出，超跌時買進。

二、同時，我也以「無發展」作為操作的參考。我可能會以賣出選擇權、期貨交易或買進選擇權等方式來善加利用這種交易機會。

三、我個人採用的另一種低風險概念是「失敗型態」的概念。

我將在稍後章節詳述以上所有概念。我個人認為低風險交易機會應具備以下特質：

一、該交易機會的潛在報酬遠超過潛在損失。

二、停損水準離進場價不會太遠，而且是依據非常理想的邏輯所設定——例如「無發展」。

三、這個機會理論上不能是逆勢（違反已知趨勢）的。

四、這個機會理論上不需很久就會出現進場點。

「唯有在低風險的環境下，才會有低風險的交易機會存在」。它意指：

一、不要選在重要消息發布的前一刻建立部位。

二、不要在收盤前建立部位，尤其是星期五。

三、不要在風險將升高或近期內極可能升高時建立部位，不論使風險升高的原因是什麼。

其實，最好的例子應該是1990年伊拉克戰爭那一次。美國對伊拉克戰爭爆發後，反而造成股市大漲。這當中的邏輯非常清楚，掌握到那次反轉的投資者其實是冒了很大的風險，不過大型投資者卻採行非常嚴謹的風險控管政策，因為嚴謹的風險控管是讓他們「成為」與「保有」大型投資者地位的唯一方法。

所以，他們會一直等到消息完全揭露後，才決定是否進場（這也是消息爆發後，股市大漲的主要原因），因為一旦消息揭露，就不會再會有進一步的震撼事件來干擾它們的操作。等待大型投資者採取行動或等消息出爐後再採取行動是對的。我知道我在本書的其他章節也曾經提及這一點，不過，這一點的確值得一提再提，因為這是了解市場走勢的重要關鍵。

有些人可能會辯稱，如果等待消息出爐才採取動作，就會錯失一波走勢裡獲利最豐厚的一段，這個論點的確沒錯。但如果你在消息發布前建立部位，就不算是採用低風險交易機會，而如果你堅持這種交易方式，一定很快就會被淘汰。

低風險是根本！

　　關於低風險交易機會，我要提出最後一個論點。當我第一次聽到「低風險是根本」這句話時，我心裡想：「沒錯，這的確是關鍵所在」，事後也證明，低風險確實是關鍵。

　　不過，我當時的思維比較傾向於認定「聖杯在此」（指「好的」交易機會）的觀念，而且讓我驚訝的是，即使經過十年的操作經驗，我內心依舊堅定地相信「聖杯」這回事。所以，當有人向我解釋「低風險概念」時，我很失望。我對自己說：「真的只有如此嗎？」但這是很可笑的——世界上沒有所謂的「聖杯」，你所需要的只是低風險的交易機會。當然，所謂低風險操作不算是非常「聰明」，只不過，如果你想成功，卻一定要這麼做。我並不是說你絕對要採用這個主張，市場上當然還存在其他不同的主張，不過，其他主張一定也是依循以上所提及的普遍性原則。

低風險的交易祕訣

　　一、竭盡所能地用各種方式將風險控制在最低水準。

　　二、交易時一定要對照某種參考點。所謂參考點就是：一旦到達這個點，你可能判斷自己是錯誤的，並參考那個時點的市場走勢來決定是否出場。如果你想在一段漲勢後放空或在一段跌勢後做多，參考點尤其重要——最好等待某種形式的反轉出現後再進場，或利用前一個參考點（即使如此，最好還是等待反轉比較好）來決定是否進場。這是市場一再給我的教訓。也許我可以用一句話總結：「當你建立一個部

位時，一定要先弄清楚潛在的不利空間有多大。」

三、除非你見到一些絕對會導致你改變立場的事物，否則都應該堅守你的部位。過去我在這方面一直做得不好。我會根據一個堅實的交易訊號（預期未來一段時間內都將維持有效的訊號）建立部位，但我同時又會參考五分鐘的柱狀圖或其他短線的訊號，如果見到一些讓我感到市場即將反轉的短線訊號，我就會結清部位。當然，有時候我是對的，但其實：

- 短線訊號不可能導致長線訊號失效，因此依據短線訊號對長線部位採取反向行動是非常愚蠢的。
- 一開始，短線訊號可能只是一種錯覺。
- 即使真的出現一些短線反轉情況，也不可能威脅到長線訊號。

當然，還會有其他因素會導致你過早結清一個好部位。不過，你還是必須了解，一旦你的部位開始獲利，就會開始擔心反轉的出現，而這種恐懼將會成為促使你過早退出市場的強烈動機。所以，你一定要學習適當因應這種恐懼情緒。

四、通常最好是等待某種形式的確認訊號出現後再建立部位，尤其是在接近高點時買進或接近低點時賣出（放空）時。所以，如果市場已經很接近高點或低點，千萬不要妄想能從中獲利。當然，如果市場在一個稍微「好」一點的水準出現某種形式的確認訊號，就不需要考慮這個因素了。

五、每次建立部位前，一定要先設想要在什麼水準出場、在什麼水準進行避險（如果適合避險的話）。一定要確實做到這一點。

六、發展一個適合自己的方法論（請回頭參考第12章）。一旦發展了適合自己的方法論後，一定要謹慎記錄你的成果──尤其一定要把你未確實遵守交易策略規範時所得到的「後果」記錄下來，務必釐清爲什麼會發生這種情況。接下來，根據成果紀錄上的勝率來建立一個明確的資金管理系統。

七、知道何時應該違反規則。這個論點確實有點讓人感到混淆，不過投資是一種藝術，而非死板板的科學。有時候，你一定要遵守這個「適時違反規則」的原則，不過，通常最好還是要遵守原有的交易規則。

八、如果你能確實用一種有紀律的方法進行操作，你將體會到操作過程中最重要的因素是「你自己」。

九、你必須學會放手讓獲利增長，不過，除非你學會利用停損點的調整來鎖定利潤，否則你不可能眞正獲利；即使學會了，隔夜的跳空缺口（或快速的價格波動）也可能導致你無法執行停損。

本章摘要

- 單向做多或放空的部位通常比平衡式的部位好。
- 我列出了我個人認爲對所有投資者都非常有用的一些重要交易通則。
- 採取低風險交易機會是成功投資的根本條件。

「市場概況」系統與「無發展」

「市場概況」系統

「市場概況」（MP）是一種呈現市場資訊的方法，它將資訊組織成一種特殊格式，而這種格式將更有利於希望透過市場交易來獲利的人。發明這個方法的人是史戴德梅爾，他這項創舉非常單純，完全是利用舊有的統計工具「鐘型曲線」來觀察市場。鐘型曲線一直都像是魔術師的工具。沒錯，它也許無法將鉛變成黃金，但卻能將混亂轉化爲有序。

也許鐘型曲線最好的例子是「死亡」統計。假設我們觀察一群人，這些人的死亡年齡也許會呈現隨機分布，這和身高、腳的大小等一樣。不過，如果選擇更大的樣本，我們就會發現一個常態分配的模式——也就是鐘型曲線。極端的部分佔少數，而正中間的佔最多數。金融市場也是這樣（請見下頁圖18.1）。

有些投資者可能不太熟悉某些MP有關的術語。現在，我將先解釋一下。

投資者通常會談論到「有趨勢形成」或「沒有趨勢形成」

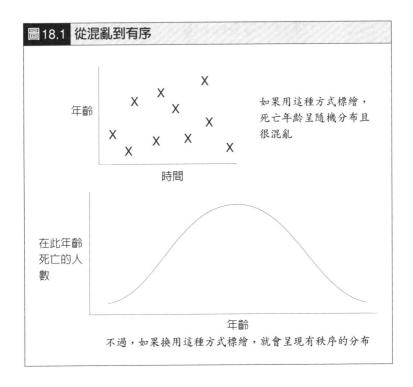

圖18.1 從混亂到有序

年齡

如果用這種方式標繪，
死亡年齡呈隨機分布且
很混亂

時間

在此年齡
死亡的人
數

年齡

不過，如果換用這種方式標繪，就會呈現有秩序的分布

的市場。「市場概況」也使用類似的概念，不過不太一樣，
它是採用「平衡」與「不平衡」。

　　當現金進入或退出市場時（這些現金來自於長期買方或
長期賣方的行為），將會引發劇烈的價格波動，而這種走勢
被稱為「不平衡」，一旦出現不平衡，市場就必須消化這個
行為，並逐漸回歸到「平衡」狀態。

　　每一個交易日的交易概況也存在相似的概念——也就是
「發展」與「無發展」。我對發展的定義是：包含三個以上的
TPO（時間價格機會）厚度。MD是只有兩個以內的TPO，
請見圖18.2。TPO就像是砌成「市場概況」的磚塊一樣，

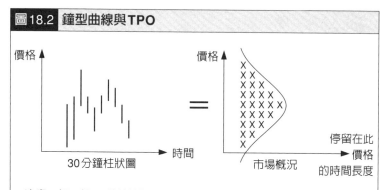

圖18.2 鐘型曲線與TPO

注意：每一個30分鐘柱狀圖上所出現的每個價格都是以「X」（代表一個TPO）來表示，這些代碼堆疊成市場概況圖。這類線圖通常會用不同字母來標示不同的「30分鐘時段」，不過為了力求簡單化表達，我在這個例子裡並沒有這麼做。

每個出現在「三十分鐘價格時段」內的價格都是一個TPO。所以，「無發展」代表一小時以內維持在同一個價格，而「發展」則代表有一個鐘頭以上都維持在同一個價格。就典型的市場概況而言，MD會出現在極端位置，發展則是出現在中間位置（請見圖18.3）。如果是觀察成人的身高，我們會說，矮於三呎或高於七呎的人都不多。而在特定交易日的市場走勢也通常會形成一個「鐘型曲線」，鐘型曲線就是最典型的「市場概況」形式。當走勢很快時，市場通常是沒有發展的，於是才會使用「無發展」這個用語。

「無發展」

　　MD會以多種形式出現，它是「MP」系統裡的一項重要概念。事實上，在MP系統當中，我唯一使用到的只有

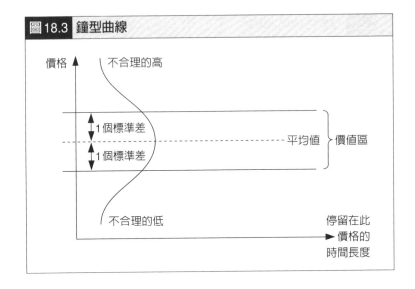

圖 18.3　鐘型曲線

MD。通常，MD是僅由兩個以內的TPO（見以下描述）所構成的一種快速走勢，這種走勢會出現在當天價格區間的極端（瞬間急漲／跌）位置，也就是在鐘型曲線的兩端。不過，MD也可能是跳空缺口（最根本的「無發展」）和市場根本未觸及的水準——換言之，就是經過許多時間逐漸形成的強大壓力區。因此，MD是一個非常廣泛的概念，我們甚至可以說MD可作為投資者衡量其交易部位的重要參考。當然，MD也可以作為設定停損水準的標準。

價值區

「價值區」概念也許堪稱是MP系統的主要特色，而就MP的技術分析而言，這項特色非常獨特——它的重要性高到令人驚訝。當你知道價值區何在時，你就知道在這個水準

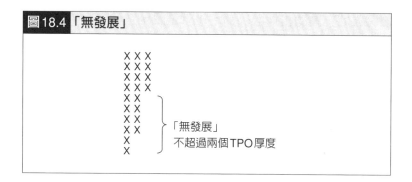

圖18.4 「無發展」

（價值區）以上賣出或在這個水準以下買進將會讓你掌握非常必要的優勢。

當然，價值是不固定的，企圖將價值科學化的人注定要失敗。根據統計，在一組樣本當中，有66%的樣本會落入和平均值相差一個標準差的範圍裡。這正是MP衡量價值的方式，在任何一個交易日（或多個交易期間）內，距離價格平均值上下一個標準差的價格區間就代表價值區。

早先我曾經提及TPO，MP線圖上的每個「X」記號都是一個TPO（見圖18.4），而取這個名字的理由非常簡單，因為每個記號都代表一個時間價格機會。

MP是一種不規則幾何元素（碎形），因為它可以成功被運用到涵蓋不同期間的範圍裡。它的「期間越長，結果越可靠；而期間越短，結果的一致性越低」這項描述似乎是正確的。

接下來就要討論可以充分利用這種分析的重要方法之一。首先，我必須承認這個方法極端單純，但其實多數事情難道不是越簡單、成果越好嗎？這個方法的策略就是：先尋找較長期間（月份的概況）的訊號，接下來等待較短期的價

值落入此一區間再採取行動。也就是說,在建立部位時,我們不僅應該在取得短期間的「價值」優勢,也應該重視較長期間的價值優勢。

這引申出一個根本原理:除非進場後馬上就證明你的部位是正確的,否則就不應該繼續持有該部位。不過,我們不需要這樣,因為還有很多方法可以幫你建立正確的部位。

交易成功的關鍵在於接受低風險的機會。除非你知道一旦出狀況時應該如何因應,否則就無法定義何謂風險。我的方法論是根據MD來區分哪些交易機會值得介入。我也使用三種型態的出場方法。首先,我會先設定一個資金管理停損點,這是設在我認為市場不會到達的點,也就是說,這個停損點超過基本的循環。

第二,我會設定一個警告水準,這個水準不是等於MD,就是高於MD,一旦價格在這個價格水準被「接受了」,我就會出場。你可能不熟悉價格接受點的概念,不過基本上如果某個價格水準形成了一個「發展」,代表該價位已經被接受(見第15章)。「不被接受的價格」也許比較容易理解,「瞬間急漲/跌」就是其中一個例子。第三個出場方法也很簡單,如果市場表現不如預期,就果斷出場。當我決定進場,我要掌握的是只有少數交易者能取得的機會,如果後來這個價格水準被市場接受,它就代表一種負面訊號,在這種情況下我通常會直接出場。

就算我手中有一筆交易已經有獲利,我也會採用相似的方法。

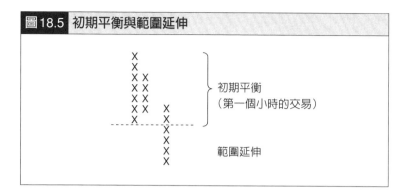

圖18.5 初期平衡與範圍延伸

其他概念

另外還有其他一些須知概念：「初期平衡」（Initial Balance；IB）是指市場在找尋「合理價格」的期間內所形成的價格區間，在這個期間會有雙向交易的行為出現。通常市場大約要花一個小時的時間才能找到合理價格，不過有些市場花的時間則較短或較長。

「範圍延伸」（Range Extension；RE）則是價格脫離初期平衡之後的動作，請見圖18.5。這種動作可能是主動的，也可能是被動的，完全取決於「價值區」相對當天交易情況的位置。通常如果買方是在價值區的較低位置進場，就會被稱為「被動」，也就是說，買方是被動回應市場裡的誘人價格。不過，如果是賣方在低點介入，那麼，他就是主動的，也就是說，賣方在較不理想的價格發動進一步的下壓行動。如果是位於價值區的較高位置進場，情況則和上述內容相反。

前一天的價值，也就是價值區、IB、RE、被動與主動行為等，全都是反映市場情況的指標，我們可以從這些指標

了解「較長交易期間的投資者」目前的動向。再回到這個主題的源頭：較長交易期間的投資者動向是引導市場波動方向的主要力量。

利用MD找出低風險機會

市面上已經有很多書籍是以MP為主題。以下我要讓你們了解該方法論的基礎和利用MP進行交易的方法。

金融交易很簡單，就是找出「低風險」操作機會，並積極介入。我過去曾訪問了一位法人投資者，他就是利用MP來尋找這些機會。

MP是描繪歷史價格走勢的另一種方法，所以你可以把MP拿來和柱狀圖、點線圖與陰陽燭圖比較。MP和這些線圖不同的是，它把一天切割成許多不同時段。最初是採用三十分鐘時段，不過目前已經比較沒有限制，投資者可以選擇任何適合自己的時段。每個時段都用同一種方式標繪出一個垂直的價格刻度，這和柱狀圖很像，只不過價格區段被壓縮在垂直軸上。舉個例子，如果開盤時段的價格介於3100點到3110點，那麼就要把這些點標繪到線圖上。

如果下一個時段的交易介於3095與3105，那麼介於3095和3099間的市場走勢將會被標繪在第一個時段的垂直線上，而介於3100到3105間的價格走勢則另外並排標繪在第一個時段的旁邊。標繪好各個時段的價格走勢後，就會建構出一整天的交易走勢概況，而這通常會形成一個鐘型曲線，請見圖18.6與圖18.7。

這個概況圖能提供和市場走勢有關的深入資訊，尤其是

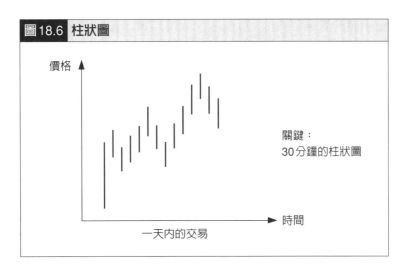

圖18.6 柱狀圖

價格

關鍵：
30分鐘的柱狀圖

時間

一天內的交易

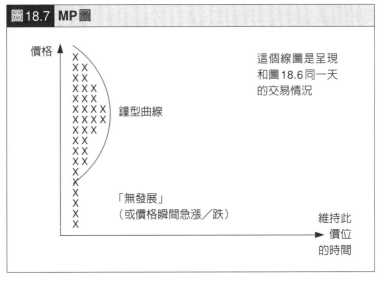

圖18.7 MP圖

價格

X
X X
X X
X X X
X X X
X X X X   鐘型曲線
X X X X
X X X
X X
X X
X X
X
X
X
X   「無發展」
X   （或價格瞬間急漲／跌）
X

這個線圖是呈現
和圖18.6同一天
的交易情況

維持此
價位
的時間

一些可以用來表達「價值」的資訊。價值資訊非常重要，因為身為投資者，我們要的是介入一些「低風險」的交易機會。這種機會的定義應該就是「在超過價值時賣出，並在低

於價值時買進」。由於這個概況圖可以顯示出「價值」之所在，所以投資者當然能從中找到低風險交易機會。

「價值區」的算法是：與每一天價格走勢的平均值上下相差一個標準差的區域，而且，我們可以用「買進／賣出」價差的方式來表達「價值」。不過，我們必須先解釋「平均值」的字義。MP線圖以「時間價格機會」（TPOs）表示市場交易情況，而MP線圖上的每一個「最小升降單位」都是一個TPO。這還可以用另一種方法來描述：在每個時段都會有一個特定的價格範圍，而在這個區間內的每個價格都會形成一個「最小升降單位」（也就是TPO）。而平均值就是全部TPO的平均值，平均值則可以進一步用來計算「價值區」。

再用另一個方法來說明：我們可以說MP背後的根本原則是：價格／時間＝價值，另一個說法是：從一段時間內所出現的價格，可以看出價值何在。這個陳述不容易理解，但這卻是這個實用且有效的方法的根本原理。基本上，它是指在一個交易日內，某特定價格的成交時間。

一旦從每天的交易概況中掌握到價值區後，就一定要試著去解讀後續的市場走勢。舉個例子，如果市場快速回檔並拒絕了價值區的「買進價」（低標），就是市場趨弱的訊號。不過，這個訊號並不盡然有用，因為我們希望在價值區的「賣出價」（高標）賣出，而不是在「買進價」賣出，也就是說，我們希望在價值區之上賣出。所以，理想的交易機會應該是隔天當價格上升到「賣出」價，接下來市場快速拒絕這個水準並開始回檔時。

如果市場出現這種走勢，你就有機會以高於「價值」的

價格賣出，而價格快速遭到市場拒絕的情況確認了這個機會的存在。優良的交易系統正是為掌握這種情況而設計，也就是說，它既能讓我們在價值區以上賣出，也能在價值區以下買進。

從以上可以看出MP對市場是中性、不預設立場的。所謂「中性」的意思是，當你觀察一天的概況時，你不會知道隔天是否會出現低風險的買進或賣出機會。不過，我訪問的這個法人投資者使用的交易方法卻多傾向於單向操作，其中一個是「共識理論」（consensus theory）。這位法人投資者建立了非常廣大的市場投資者與投資顧問網路，他們會定期回饋資訊給這個投資者。這些資訊讓他可以針對市場共識歸納出一個觀點，如果任何一個共識變得越來越明顯，他就會準備好朝另一個方向交易。他發現這是他所使用的指標當中，最可靠的指標之一。

另一個可靠的指標是「長期趨勢線」。這位法人投資者也認為當市場處於極端狀態（不管是朝上或朝下）時，隨時都可能出現絕佳低風險交易機會。

所以，雖然MP是他的方法論的驅動馬達，但他還是有使用其他輔助方法，當然，他也採用資金管理、風險控管、紀律、壓力管理等工具來輔助這個方法論。

「市場概況」的投資訣竅

我們經常在工作時遇到很多成功的投資者，不過在分析過他們的方法後，我們發現他們也只是選擇幾個中心概念，再加以落實而已。因此，他們也許認為自己是「艾略特」、

「甘氏矩陣」、「市場概況」或「波浪理論」的專家，但事實上他們並非眞正的箇中專家，他們不過是從這些理論擷取一些好的概念，再利用這些概念爲自己創造優勢，並成爲這些精選概念的專家罷了。

順帶一提，我從未遇到過任何一個成功投資者是「純種」艾略特或甘氏矩陣專家，我認爲這兩種理論可能是當代金融市場上最誤導人的方法（我們甚至無法確定是否曾經有人利用甘氏矩陣理論賺到錢）。我並不是要打擊甘氏理論的成就，而是它所採用的假設難以說服我們。

當然，以上一席話的目的也不是要打擊任何其他形式的分析方法，只是要證明如何利用MP賺錢。以下幾個概念很有用：

一、先前所討論的「價值區」概念可以運用到各種交易期間，投資者可以利用這個概念掌握有利的交易位置。

二、就交易參考而言，MD的概念非常有用。

三、就順勢操作的目的而言，MP有幾個優點。這些優點可以歸納爲一個事實：唯有不利於趨勢的原始走勢出現時，才需開始質疑這個趨勢。如果後續的這類走勢馬上遭到拒絕，也不應該質疑趨勢的延續性；也就是說，初期的不利走勢必須爲市場所接受，你才需要質疑趨勢是否反轉。所以，投資者可以利用MP進行相當精密的順勢操作法。

本章摘要

● 鐘型曲線的魔力在於它能將混亂轉爲有序。

- 「市場概況」以平衡與不平衡來描述「無趨勢形成」與「趨勢形成」的市場。
- 「無發展」是「市場概況」系統中的一個重要方法，我每天的投資都會使用到它。
- 「價值區」是「市場概況」的重要特色，不過我使用這個特色的頻率不如「無發展」。
- 在進行交易時，我通常是採用三種出場模式。首先是資金管理的停損點，這個停損點非常遠。第二種停損點比較接近，通常是在「無發展」之上，我會參考市場走勢，再決定要不要出場。第三種是「快速出場」，如果市場沒有出現我期望中的走勢，我就會出場。
- 「初期平衡」和「範圍延伸」是我會使用的另外兩種來自「市場概況」的概念。
- 市場概況的根本原則之一是價格／時間，也就是市場在一個交易日內有多少時間成交在某一個特定價格。

期貨與選擇權

本書主要是要討論期貨與選擇權投資，不過為求完整，我們也會討論到股票，而想要以「買進選擇權」為投資策略的人也可以參考我們所討論的選擇權內容。

股票

在這項投資工具上，你至少要賺6%才能打平。股票是最普遍的基本投資工具。股票的交易機制非常單純：如果你買進股票，一旦股價上漲，就會獲益，另外，你也會收到股息（視你的持有期間而定）。不過，如果股票價格下跌，那麼你就會因此而發生虧損。交易股票時，也可以擴張信用，你可以借出一部分原先用在買股票的錢，另外，有些券商也提供類似的借款投資安排。雖然大多數人的股票投資都是「買進股票」，但也有人會放空股票。放空股票的人希望經由股價的下跌而獲利。很多人搞不清楚放空的意思，他們不知道要怎麼「賣出」自己原本沒有的東西。

這個問題不容易回答，反正你就是可以放空就對了；而

當你回補時，這個放空部位就會結清。所以，不管你是買進或放空股票，一定都是雙向交易：一買一賣，如果賣出價高於買進價，你就會獲利。獲利與否無關先買（做多）或先賣（放空），只是兩者的交易機制有一點不同而已。然而，談到股票交易，絕對不能忽略掉成本問題，成本問題非常重要，因為一筆股票交易的成本可能高達交易金額的6%。意思就是，你至少得賺6%才能打平。也因為股票交易成本如此之高，所以的確很難在股票市場賺錢，因為所有利潤都被提供仲介服務的券商賺走了。這些機構的利潤是我們貢獻的，而這正是這個市場為何只有低於10%的投資者會賺錢的原因。

期貨

　　期貨的波動方式和股票很類似。如果你買進期貨合約，你的獲利程度將取決於期貨價格的上漲數字，但如果期貨價格下跌，你將因此產生虧損。不過，期貨的成本可低多了，通常投資成本大約是期貨的一個最小升降單位。以1998年10月為例，每一口FTSE指數期貨合約價值約五萬兩千英鎊。這個金額的算法很簡單，只要把目前的FTSE指數期貨價格乘以十英鎊即可，所以，當期貨價格位於5200點時，期貨合約的價值是五萬兩千英鎊。因此，如果你想要操作一口期貨合約，其實就等於是在操作價值約五萬兩千英鎊的股票。所以，在開始期貨操作以前，期貨商一定會要求你先存入大約兩千到三千英鎊的保證金（margin）；不過期貨商所規定的開戶金額都高於前述數字。完成以上程序後，你就可

以開始操作期貨，你的有效槓桿比率可能會是20：1或30：1。猜猜結果會怎麼樣？個人投資者進場參與期貨後，往往從一開始就怕得要命（因為槓桿過高），而且別忘了，「怕輸錢的人永遠不會贏錢」。

你當然可以嘗試學習如何透過期貨賺錢，不過在開始投資以前，一定要先了解自己所面對的是什麼樣的金融工具。當然，相較於買賣股票的成本，投資期貨的成本簡直可說是微不足道。

讀者可能想知道為什麼期貨指數相對其現貨指數通常會呈溢價狀態。期貨之所以會有溢價，主要是為了讓期貨合約買家和等值股票（上述的五萬兩千英鎊）買家能處於平等地位。而為了讓這兩者獲得公平待遇，你必須向期貨的買方收取一筆溢價，這筆溢價就等於是取代股票買方支付給你的股款所將產生的利息（譯注：假設你現在把股票賣掉，而不是賣出期貨合約，那麼你現在就馬上可以收到現金，包含存款孳息）——換句話說，你必須調整資金成本對指數的影響。這整個計算方式非常複雜，例如股票買方可能會收到股息，而你必須針對這一點補貼期貨買家。如果持有股票的成本超過持有股票可以收到的利益，那麼期貨相對現貨就會一直呈現溢價情況。到期期間越長的期貨，溢價越大。這個計算過程會讓你知道溢價的「合理價值」是多少，而隨著期貨越接近到期日，溢價就會逐漸縮小，當到期日來臨，期貨將等於FTSE現貨指數的價值。

不過，在期貨合約的交易期間內，期貨和現貨指數之間並不可能一直維持固定的公平價值溢價，所以實務上常遇到的情況是，當現貨大漲時，期貨溢價就會擴大，但當FTSE

現貨指數回檔時，期貨溢價就會縮小。這麼說明其實是有點流於簡化，有時候，當現貨下跌到接近支撐區時，期貨的溢價傾向於擴大，而當現貨上漲到接近壓力區時，期貨溢價則會縮小，也就是說，就某種程度來說，溢價幅度取決於市場對現貨指數走勢的期望而定。

選擇權

現在，就來看看選擇權。選擇權是金融市場中最困難且最危險的投資工具之一。不過，相對地，選擇權卻也隱含最優異的投資機會和策略。那我們要如何去蕪存菁，善加利用選擇權工具所隱含的機會獲利，同時又適當迴避相關的風險呢？

首先，我們必須先分析市場對選擇權（含買權和賣權）的評價方式。附帶一提，我假設讀者對選擇權已經有基本的認識，知道當市場下跌時，「賣權」的價值傾向於上升，而當市場上漲時，「買權」的價值傾向於上升；同時，我也假設你們已經知道什麼是「履約價」、「履約」、「到期日」等等。

影響選擇權的主要因素為：

● 市場水準相對選擇權的履約價格。
● 市場的波動性。
● 市場上所認知的方向（趨勢方向）。
● 距離選擇權到期的時間長短（距離到期日的時間）。

當然，還有其他影響因素，例如利率也會影響到選擇權

的價格，不過其他因素多屬次要因素。

　　要了解選擇權價格和策略，一定要先了解構成選擇權價格的兩個要素。

　　第一個要素是「內含價值」，這是選擇權的價內金額（正數），也就是市場價格超過（就買權而言）選擇權履約價或市場低於（就賣權而言）履約價的金額。

　　第二個要素最難懂，但卻也最重要，它是「時間價值」。時間價值是選擇權價格和內含價值間的差異，時間價值代表市場對該選擇權剩餘存續時間（到期前）的評價。而「價外選擇權」（例如市場價格還高於履約價的賣權選擇權）顯然是沒有內含價值的，因此，這種選擇權的價格完全就是時間價值。下頁圖19.1詳細闡述了當中的關係。

　　如果你想在選擇權市場上賺錢，一定要深入研究並了解時間價值的行為模式。舉個例子：很多投資者經常會遭遇以下情境：買進一個選擇權，接下來，市場朝他們的預期方向波動，但選擇權價值卻未增加，事實上甚至可能下降。出現這種情況的原因很簡單：內含價值雖上升，但卻因時間價值降低而遭到抵銷，造成這種現象的原因包括：市況可能逐漸趨緩（波動性降低）、時間的消逝（這是一定的，也許是因為你當初購買時，時間價值就已過高）、再不然就是買進時機正好是供需極端緊繃的時期，而需求越高，價格就越高。

應該買進或是賣出選擇權？

　　於是，接下來的問題就是：買進選擇權或賣出選擇權何者較好？這兩種交易方式的差異非常大，而且適用的參數也

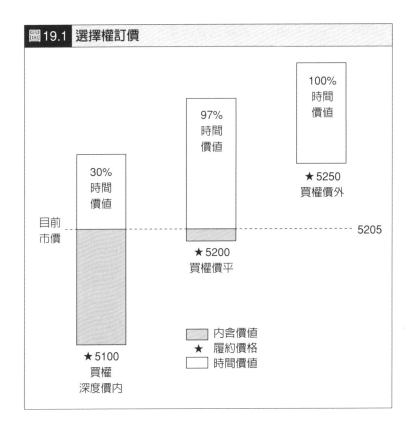

圖19.1 選擇權訂價

100%
時間
價值

★5250
買權價外

97%
時間
價值

30%
時間
價值

目前
市價　　　　　　　　　　　　　　　　　　　　　5205

★5200
買權價平

內含價值

★5100
買權
深度價內

　　　內含價值
★　履約價格
□　時間價值

完全不同，這也難怪，因為這兩者就像是硬幣的兩面一樣。

　　選擇權買方的風險可以百分之百獲得限制，最大風險就是虧掉選擇權的價格，而潛在報酬卻是無限的。

　　不過就機率上來說，選擇權買家賺錢的機率不高，這是由於時間價值在作祟。讓我們由七種不同市場走勢研究。

　　前三類走勢分別是市場緩慢上漲、市場上漲腳步適中，以及市場快速大幅上揚；另外三種是市場下跌，下跌速度分別也是緩慢、適中與快速，第七種則是走勢持平的市場。選

擇權買家在以下情況將會虧錢：市場走勢和他所持有的部位相反、市場持平、市場走勢與其部位同向，但波動速度過慢。而如果市場走勢與其部位同向，且波動速度適中，這個買家也許有機會損益兩平；只有在市場走勢與其部位同向且波動快速的情況下，他才會賺錢。所以，選擇權買方賺錢的機率只有七分之一，但虧錢的機率卻高達七分之五（見圖19.2）。不過，如果買進低時間價值的選擇權，如深度價內的選擇權，那麼以上負面效應就會降到最低。

另外，即使市場走勢快速上漲且與買方所持有的選擇權部位同向，依舊存在另一個負面因素：當內含價值上升，時間價值將下降。原因是：隨著內含價值的上升，買方的風險將同步走高（因為風險取決於選擇權價格）；而風險的走高則反映在時間價值的降低。不過，若是市場波動性加劇，則可以彌補這個負面因素。

選擇權賣家則處於相反的地位。賣家賣出選擇權並收到選擇權的權利金，隨著時間價值降低，他就可以立於不敗之地。

如果買方虧錢，賣方就會賺錢，所以在上述的七種走勢裡，賣方有五個機會將賺錢，有一種機會將損益兩平，只有一種情況會虧錢。賣方的成功機率顯然高多了，不過，請一定要小心，因為賣方必須承擔一個很重大的問題：賣方可能獲得的報酬受到極端大的限制，只限於賣出選擇權時所獲得的溢價，然而它下檔風險卻是無限的。

從買方和賣方的風險／報酬內涵，我們可以歸納出以下結論：

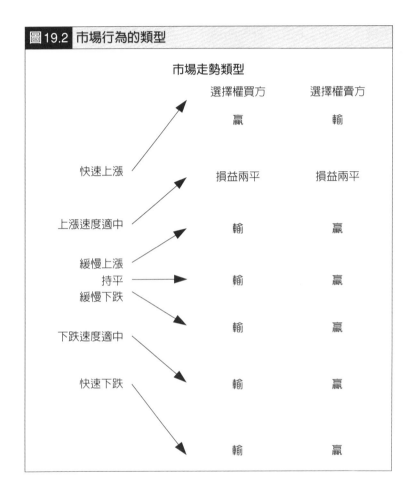

圖19.2 市場行為的類型

市場走勢類型

	選擇權買方	選擇權賣方
快速上漲	贏	輸
上漲速度適中	損益兩平	損益兩平
緩慢上漲 持平 緩慢下跌	輸	贏
	輸	贏
下跌速度適中	輸	贏
快速下跌	輸	贏
	輸	贏

　　一、買方通常會虧錢，但偶爾會賺大錢。

　　二、賣方通常會賺錢，但偶爾會虧一筆大錢。

　　三、當選擇權賣方的方向與市場相反，且市場出現一大波走勢時，選擇權賣方將大幅虧損。舉個例子，在1987年崩盤與隨即大幅反彈的那一次行情裡，就有很多選擇權賣方破產。

四、當選擇權買方掌握正確到大行情時，他們才將會賺大錢。

經過以上描述，我們現在可以來看看如何利用這兩種簡單的選擇權操作獲取最大利益。

不過首先我必須先提出一個警告：除非你是專業且全職的投資者，否則不應該從事賣出「無擔保選擇權」（naked option；即指那些發行選擇權單位並未持有足夠額度的正／負部位就發行的買／賣選擇權）。因為市場上沒有其他方法可以控管前述交易可能衍生的無限風險，而我也不建議你投資。

對選擇權買方來說，最根本的考量是盡量縮小持有選擇權期間內時間價值的縮水程度。以下是五種策略：

一、避免在波動性高的時期買進選擇權。

二、買進深度價內（現貨走勢與買賣權的方向接近）的選擇權，這種選擇權的時間價值低。

三、買進接近到期日的選擇權。

四、避免在時間價值快速縮水的期間買進選擇權，這大約是在到期日前六個星期到兩個星期的之間。

五、採用較接近的時間停損，也就是說，如果你預期在某個期間將出現特定走勢，那麼一旦這段期間內未出現這個期望走勢，就應該賣出。

在上述五種方法當中，第一點是隨時都有效的，而我個人不建議採用第二種方法，因為風險過高（只是有些人很喜歡這個方式）；第三種方法可能會讓你賺大錢，但風險也很

高，因為市場走勢必須符合你的預期，進場時機也必須極端精準才行；第四點是一定要遵守的，而且最好買進較遠期的選擇權，並在時間價值開始大幅縮水以前賣出；第五點很難，因為我們很難精準預測時間的行為和價格走勢。

至於停損問題，和其他類型的工具一樣，在投資選擇權時，一定也要使用停損點，只不過要針對選擇權執行停損可能有點難，因為選擇權價格本身可能就已經讓投資者陷入明顯不利的處境。在此，我還要再補充兩個要點，第一點是：你可以將選擇權的全部權利金用來作為你的停損底線，這還算合理。這代表你的停損點就是虧掉你投資在選擇權的所有資金——不過，在採用這個策略的同時，一定也要符合資金管理系統的總資金情況。第二點是，在賣出選擇權時，一旦到達停損點，也許不需要結清部位，不過一定要進行某種型式的避險，你可以利用期貨或其他類型的選擇權進行避險，這部分將在本書稍後內容詳加說明。

總括來說，我們比較推薦買方的方式是第四點；不過如果預期將有大行情，而且當時正好買得到適當的選擇權，那麼，偶爾也可以採用第三點。

不過，如果你想放棄選擇權部位可能創造的「無限獲利潛力」，那麼，只要針對你的多方部位，在價外程度進一步擴大後的下一個履約價賣出選擇權，就可以明顯將風險降低，也就是說，「針對選擇權」做多，而不是針對市場。

可惜的是，這種價差操作也是有缺點的，而且事實上你的部位將變得比較複雜，同時，也比較難以掌握處分部位的時機；所以投資者通常將被迫把這類部位保留到到期為止。這種結局當然不盡理想，因為這樣一來，你的勝負將過度取

決於到期時的市場水準，失去自行選擇出場點的彈性。

　　一般來說，我認為買進選擇權不容易賺錢。

　　選擇權賣方的策略就完全相反了；買方希望盡量縮小曝露在時間價值的風險，但賣方卻希望時間價值越高越好。時間價值越高，它快速縮水的可能性也就越高，潛在利潤就越大（對賣方來說）。以下是賺取該潛在利潤的三種方法：

　　一、在波動性高的時期（如市場大幅震盪）賣出選擇權。這些時期的持續時間通常不久，不過卻能獲取非常吸引人的權利金。

　　二、在選擇權到期前六個星期賣出選擇權，此時，時間價值將開始快速下降。（不過，以FTSE選擇權為例，它的時間價值一直到到期的兩個星期前才開始明顯下降）。

　　三、賣出價外選擇權，此時權利金完全是時間價值，沒有內含價值。

　　這三種方式可以同時進行，當然，這些時機是進場的最佳時機。

　　另一個要點是：賣方必須分析市場何時將朝使相關選擇權價值上升的方向前進。舉個例子，如果賣方想賣出買權，那麼市場就必須是看漲的。當然，投資者必須認為這波上升走勢是短期的，且在這段走勢後將出現反向的大行情（或多或空），否則他不應該賣出該選擇權。

　　相反地，當市場的短期走勢和期望建立的部位反向時，選擇權的買方就應該進場操作，原因是選擇權對短期波動的反應非常敏感（尤其是接近到期的選擇權），所以方向的改變將對價格造成大幅影響。

　　本章的目的是希望讀者能初步了解影響選擇權的價格機制，並藉此提高投資績效。選擇權市場裡存在無數的交易機會，也有很多不同策略可以使用，我最後要以兩個策略作為本章的結語：

　　一、針對長期股票部位賣出買權。這是利用現有持股獲取最大利潤的絕佳方式。當中的唯一風險是：你可能會錯失一波大漲所可能帶來的利潤，不過，相對地，你卻可以藉由賣出買權所得到的權利金來鎖住利潤，同時，也可以自行選擇這些選擇權的履約價。如果市場上漲到超過履約價，且選擇權也被執行，這個履約價當然就是你必須接受的股價。

　　二、賣出跨式部位。最理想的情況是在市場的高點賣出買權，等待六到八個星期的時間循環，接下來在市場底部賣出賣權。不過，這種完美狀況當然很少出現，所以，另一個替代方案是同時在某個履約價賣出買權和賣權。舉個例子，我們針對 FTSE 選擇權進行這種跨式部位操作，通常這兩種選擇權都能創造介於 250 點到 300 點的利潤，不過實際數字必須取決於當時的市場波動性以及距離到期日的時間而定。另一個替代方案是在不同履約價賣出買權和賣權，等於是對市場水準抱持「騎牆」的態度。這個方法所得到的權利金較小，不過時間價值卻很高。當市場呈現區間震盪（常有的情況）走勢時，這個策略就會有很好的表現，只不過這個作法的風險很高，而且當市場可能出現大行情（或多或空）時，也不建議採取這種辦法。

　　如果你要採用這個策略，一定要先擬好避險策略，例如當你的部位承受壓力時，應該利用期貨來避險。

瞬間急漲急跌的 價格走勢

「瞬間急漲急跌走勢」是我最偏好使用的市場交易方法。我曾在第18章談論過「無發展」這個概念，而我個人認為最好的MD形式就是價格瞬間急漲／急跌走勢。

每個想介入市場的人都必須擁有他的特定優勢——也就是讓他有機會超越一般人的優勢。瞬間急漲急跌的價格走勢正可以創造這種優勢，理由有二，請見圖20.1：

一、瞬間急漲急跌走勢可以讓你看出交易趨勢的方向。

二、瞬間急漲急跌走勢提供很好的機會，讓你可以把停損點設在相對安全的位置。

交易趨勢

我對交易趨勢的定義是：你的交易期間內的市場方向。在任何一個時間點，市場有可能呈現十種不同的方向，例如市場的極長期（年度）趨勢也許是向上的，長期（月份）趨勢也許也是向上的，中期（每週）趨勢卻可能是下降的，而

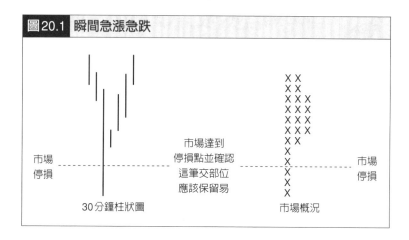

短期（每日）趨勢則可能是上升的，更短期的一個小時、三
十分鐘、五分鐘乃至一分鐘的趨勢都可能或上或下，而最小
升降單位的趨勢可能是持平。

　　不過，這些趨勢並不見得每個都很重要。事實上，我在
交易時，通常只會使用兩種趨勢：交易趨勢（基於我個人的
需要，我選擇三十分鐘的趨勢）和每天的日趨勢。我認爲忽
略個人設定的交易趨勢中所出現的明顯訊號是很危險的，但
偏偏有很多投資者會犯這種毛病。

瞬間急漲急跌類型

　　以下是幾種不同的瞬間急漲急跌走勢（見圖20.2）：

● 可能的正面MD：一個瞬間急漲走勢，後續尚未出現
　「發展」。我對「發展」的定義是三個三十分鐘柱狀
　體，可以是持平或呈緩升情況。

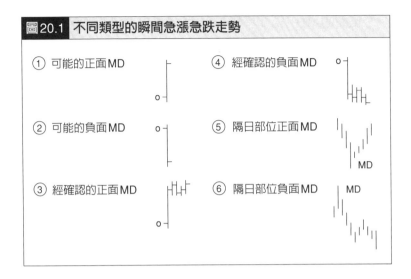

圖20.1 不同類型的瞬間急漲急跌走勢

① 可能的正面MD

② 可能的負面MD

③ 經確認的正面MD

④ 經確認的負面MD

⑤ 隔日部位正面MD
　　　　　　　　MD

⑥ 隔日部位負面MD　MD

- 可能的負面MD：一個瞬間急跌走勢，後續尚未出現「發展」。
- 經確認的正面MD：一個瞬間急漲走勢，後續出現「發展」。
- 經確認的負面MD：一個瞬間急跌走勢，後續出現「發展」。
- 每日的正面MD：在一天收盤前出現的瞬間急漲走勢。
- 每日的負面MD：在一天收盤前出現的瞬間急跌走勢。

　　可能的MD強度通常比經確認的MD弱，相對地，經確認的MD的強度則比每日的MD弱。

　　不過，一定要對這種在尾盤才出現的瞬間急漲或急跌走勢抱持懷疑的態度，要堅持繼續觀察後續的走勢，才能確定該訊號的真正意義。事實上，這種在尾盤出現的瞬間急漲急跌走勢似乎應該稱為「可能的MD」會比較恰當。

正面的 MD 顯示趨勢向上，所以代表買進訊號，當然，這也必須視你的整體方法論而定。負面的 MD 顯示趨勢向下，所以代表賣出訊號。

由於瞬間急漲急跌走勢所反映的是一種堅定的買進或賣出意願，所以如果這種走勢中斷，你的部位就必須做一點改變。也因如此，我認為將停損點設在這種走勢之上算是很有保障的。

最理想的瞬間急漲急跌走勢是我所謂的「情緒性」高點或低點。當市場受到一些會導致投資者做出情緒性決策（甚至可能是很情緒化的決策）的外部力量所控制時，就會出現這種走勢。以倫敦來說，如果美國市場的表現極端強烈，其價格水準遠高於或遠低於 FTSE 指數收盤時的價格，就會出現這種情況，不過，除非市場原本的走勢已經朝這個方向（或漲或跌）波動，否則真正的情緒性高點或低點鮮少會出現。在情緒性決策的推動下，對於「未知將來」的恐懼將會把市場推向一個明顯的極端，在這個極端時點，市場上充斥著強烈買盤或積極的賣盤。

可惜，有時候這種走勢是以隔日開盤跳空的型態出現，所以投資者並不容易做出明快的回應。反正，市場的設計是為了盡可能促成更多交易，而不是為投資者創造利益。千萬別忘了這一點。

選擇權策略

本章我將提出個人平日的投資策略,這些策略非常有用,而且很具獲利潛能。不過,我必須先強調兩個要點:首先,我並不是要建議你採用相似的策略、相似的停損政策與相似的方法論;我在第12章就已經明確強調過:「發展屬於你的交易系統/方法論」,不過在此我還是要再重複一次。我所介紹的這些策略也許並不適合你的性格、你的資源、你的投資資金或你的其他各種條件。在開始採用本書所介紹的任何方法以前,請一定要先確認你自己是否能有效運用這些方法。

　　第二點,雖然我提出了這些策略,但請不要假設我一定能完美運用這些交易策略,實際情況並非如此,我也一樣會遇到一般人常遇到的問題,稍後我將會詳細說明這部分。

選擇權策略——原則面

　　我個人的想法是:

賣出高時間價值的選擇權絕對是一種「低風險投資機會」。原因是多數這類選擇權到期時都會變得一文不值，而且，就機率來說，這個策略的成功機率很高。

然而，如果想成功利用這個策略獲得優異的投資獲利，一定要避險。

不過，避險代表要建立期貨部位，而在很多情況下，期貨避險部位卻絕非「低風險機會」。

我現在認為操作單向選擇權是比較好的，也就是只賣出跨式部位的其中一端。這箇中的理由是：如果成功，單向部位利潤較高，而且操作難度比持有跨式部位低。另外，如果你做錯方向，也不會造成嚴重的問題，因為你先前應已做好規劃。如果你沒有事先做好規劃，一定要先暫時停止交易，學會先考慮風險（而非獲利）後再開始。

不過，我發現自己經常會建立某種型式的平衡部位。但通常如果我選擇這種方式時，進場價位都很不錯，即使價格不怎麼樣，但我通常一定都能賺到一些「時間」（時間價值與優勢）。時間非常重要，不僅因為選擇權價值將隨時間消逝而縮水，也因為你需要進行避險的時間縮短了。

另一個「但書」是：市場上多數訊號都是短線訊號，至少就算不知道一個訊號是否為短線訊號，你也不知道這些訊號能維持多久的有效性。因此，賣出選擇權的優點在於：這種交易模式不需考慮訊號問題。我發現自己雖能經常掌握到一些不錯的走勢，但卻無法從中獲利，原因是這些都是短線的走勢，到最後，我只能死抱著依據這些短線走勢而建立的選擇權部位不放，直到到期為止。

看完以上內容，你該知道賣出選擇權有其優點，但也有

缺點。你可能會問我為什麼還是要進行這種投資，其實我也無法給你明確的答案。畢竟選擇權比較難，因為你會被部位綁住幾個星期，而且交易難度也比較高（因為高風險）。

我曾經深思過這個問題，我想這可能和擔心虧損有關。如果投資期貨虧錢，那麼光損失四十點，我的虧損就會很慘重，即使其風險金額只佔資本的2％，但虧掉了也會讓人很心痛。

不過，如果我先收下一萬英鎊的選擇權權利金，接下來再吸收後續的虧損，那麼除非這筆權利金全部虧光了，否則我一整個月的績效並不會是負數。

所以，賣出選擇權的方法讓我的交易有了後盾，我也覺得交易起來比較心安。不過，這個後盾的效用似乎不只讓我覺得更心安而已。

選擇權策略——實務運作面

賣出選擇權其實很簡單，以下是我所使用的指導原則：

- 通常（99％的情況下）應該賣出當月份的選擇權。
- 賣出價平或近價的選擇權。你賺到的錢必須幾乎是時間價值。
- 我通常會分階段賣出選擇權，因此，一開始可能先建立四分之一部位，接下來再漸次增加。就實際的交易成果來說，這個方式似乎還不錯，主要是因為我通常會提早一點時間開始，這麼做可以得到一些補貼。不過也並非絕對要採用這個方式。

- 我通常會就每一萬英鎊的投資資金（還有每一萬英鎊一口期貨合約，這是指同一筆一萬英鎊，因為就這個例子來說，這是一個複合部位）賣出一對FTSE選擇權（也就是互相平衡的賣權與買權）。我認為這樣做應該是對的。不過，交易合約口數必須適當就好，不能高到會讓你不安的程度，而且記得要從小規模的部位開始。

- 利用任何一個你所喜愛的分析方式（見下文）來決定你的單向交易方法。不過，最好是保持耐性，等待最佳機會出現後再出手。所有分析方法都有缺點，而且如果少了市場的相互確認，分析也是無用的。我通常比較重視市場確認訊號，不是那麼依賴分析工作。

- 在建立任何部位以前，一定要先想好萬一出錯，要採取什麼因應措施。先設定「出錯」的定義，並就這些情況列出明確的補救行動。

- 市場通常會發動某種形式的「毀滅性走勢」，導致權利金再度回到誘人的水準。

　　除了上述幾點以外，我還要補充兩點。首先，選擇權價格好像有其循環，總是會從「極端吸引人」轉變為「極端不吸引人」的水準。我個人懷疑這和賣出選擇權的投資者人數有關。當賣出選擇權的投資者增加，權利金就會縮水，這是當然的，因為市場上的賣方增加了。接下來，市場通常會發動某種形式的「毀滅性走勢」，導致權利金再度回到誘人的水準。

　　第二點，我要列出幾種可能的分析模式：

- 任何一種模式的順勢操作系統。如果趨勢延續，賣出將

受惠於這個趨勢的選擇權。這些系統包括MACD、甘氏波動圖、移動平均線、市場概況等等。

● 長期的極端狀態和可靠（試問，天底下有「可靠」的事嗎？）的擺盪指標。

● 可靠的線圖型態——再度測試失敗、旗型與三角形等。

● 各種市場分析方法的組合。

不過，請千萬記住，你對自己的分析越篤定，這個分析「肯定錯誤」的可能性越高。

選擇權——避險策略

關於避險，我要強調的第一件事是：避險幾乎一定會有問題；原因是所謂避險，就是強迫你去建立一個你原本不想建立的部位。通常在進場時，一切條件都一定符合你的要求，這就是「進場容易」的原因——你選定了一些適合你的條件，接下來的問題只在於進場條件何時出現而已。不過，避險就不同了——你是爲了保護自己而被迫進行避險操作。

避險也許會產生一些問題，不過也不需太過悲觀。「賣出選擇權，收下白花花的銀子（選擇權權利金）」這種交易看起來顯然好到有點不眞實，所以當中一定有圈套。沒錯——這種交易的確隱含不少圈套。很多人因賣出選擇權而遭到市場淘汰，因爲他們沒有避險，所以，請一定要小心。不過，有避險的人卻一樣會遭遇到很多問題。

雖然我並不是全世界最優秀的投資者，不過，我的經驗是——妄想「操作」避險是沒有用的。我的意思是，你也可

以像我一樣，採用直接的機械式避險方法，並讓它自動執行，這結果不會比你自己試著去「操作」避險更差，而且簡單多了。

　　所以，首先你一定要分析自己的選擇權部位，光這部分可能就已經很複雜了。接下來，再決定要如何避險。

　　附帶一提，最好不要把部位變得過於複雜，因為過於複雜的部位將會導致你不知道下一步應該怎麼走。

　　以下是進行避險時兩個主要但卻相反的考量：

　　一、你應該一直拖延到最後一刻才進行避險，讓自己盡可能不要建立避險部位；但這樣卻會導致獲利潛力降低。

　　二、相對地，你應該盡早避險，讓潛在獲利達到最高；只不過，這麼做會讓你提早開始這場「避險防衛」戰。

　　以上又是另一個「天下沒有白吃的午餐」問題。不管你選擇哪一個方式，都分別有其優缺點。有時候，你可能會突然發現一個「低風險」機會，那麼所有問題也就自然迎刃而解；但有時候你可能會發現當你需要避險時，就非得馬上進行避險不可。

　　不過，到了某種程度，這個問題的答案必須取決於你的進場條件而定。我已經說過，當你建立一個部位時，應該先決定何時要出場或何時要避險。所以，請根據這些條件採取行動──把條件寫下來，並確實執行。我個人所使用的避險原則是我所說的「25原則」，見圖21.1。如果我們選一個尋常的交易「月份」（我的意思是指兩個到期日之間的期間），當一個選擇權到期後，我就會開始賣出下個月的選擇權，於是，在該選擇權到期以前，我還有四到五個星期的時間。有

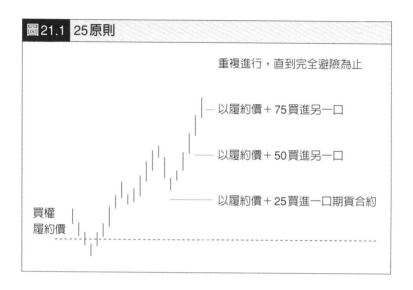

圖21.1　25原則

重複進行，直到完全避險為止

— 以履約價＋75買進另一口

— 以履約價＋50買進另一口

— 以履約價＋25買進一口期貨合約

買權
履約價

時候，如果我休假（舉例），可能就只剩兩個星期，或者我會把時間延伸到下一個月，這樣一來，我就有六到七個星期的時間。不過，這並不會影響整體策略。

「25原則」非常簡單，我通常會在第一組選擇權距離履約價二十五點（以FTSE指數為例）的位置開始避險，其中，買權是在高於履約價二十五點時進行，而賣權則是在低於履約價二十五點時避險。

如果你有使用逆向選擇權來平衡選擇權部位（此時這兩種選擇權有彼此「互換」的作用）那麼距離五十點再進行避險會比較恰當。避險和選擇權一樣，我比較偏好分階段建立避險部位。所以，假設要針對我的選擇權進行避險需要建立四口期貨合約，那麼我會偏好每次建立一口合約。

根據25原則，我會在X+25、X+50、X+75與X+100的水準進場，X代表第一組選擇權的履約價。這樣一來，我的

平均進場點是 X+62.5，如果我避險的選擇權讓我收入50點，反向的選擇權也讓我收入50點（也就是說，賣出賣權和買權一共得到100點），那麼 X+62.5 的避險水準還算是可以接受的。

除了每次建立一口合約的方式以外，你也可以每次建立兩口，最後，四口的平均位置為 X+50。

有時候我會修改精確的進場點，如果可能的話，我會選擇比較穩固的支撐／壓力區作為進場點，而且我也會盡可能做到拉回買進／急漲賣出。

到應該要避險的時候，絕對要確實去做，千萬不要被其他策略迷惑了，到頭來才痛苦地發現自己忘了避險（我曾有一次慘痛的經驗）。

就整體情況來說，進場還算是比較簡單的。避險的進場點也許並不完美，但卻比決定何時軋平避險部位簡單許多。避險管理有可能變成噩夢一場。我絞盡腦汁想解決這個問題，但迄今尚未找到解決方案。不過，我可以告訴你們以下幾點：

一、不要貪心。我曾經因為受到誘惑而軋平一個避險部位，理由是：如果我的決定正確，利潤將非常豐厚。但是，我發現每次接受誘惑，通常稍後都必須重新再次進行避險。我認為箇中原因在於軋平避險部位並不符合低風險交易原則。在這些情況下，由於貪婪心理作祟，所以我的思考流程並不清晰。不過，現在的我已經不會為這種問題所苦了。

二、事實上，我也發現自己重複犯下相同的錯誤。我曾為了介入二流的交易機會而軋平避險部位，並因此受到市場

的粗暴對待，最後僅殘存極為微薄的獲利，甚而虧損。這是發生在市場反轉但我又頭昏眼花不知如何應對時。

三、這一切都和投資紀律有關。所以設定策略後，一定要堅持到底。

以下是我的建議。假設你賣出了四個選擇權合約，你需要以四口期貨合約來避險。你決定要用兩個／兩個一組的方式來進行避險，此時，你可以用以下方式進行：

一、如果出現低風險機會，就及時掌握。

二、如果沒有出現這種機會，就依循當初建立選擇權部位時所預先設定的策略。不過，每天早上都可能應該重新檢討這個策略，看看是否需要依據後續的市場走勢修正。

三、一旦現貨市場距離履約價二十五點以上時，就計畫進場建立其中兩口期貨合約。而當期貨市場又繼續上漲十點或下跌十點，就自動進場。通常這樣會做到更好的價格。

四、如果接下來市場進一步向前推進（上漲或下跌），就在損益兩平點減十點的位置設定避險部位的停損點。不過，如果執行停損後市場又出現反轉，就必須重新建立避險部位。

五、如果你發現了可以讓你軋平避險部位的低風險機會，就及時掌握。不過，此時你必須判斷這是一個長期或短期的機會。

如你所見，這一連串動作實在有點讓人頭痛，也證明避險是困難的。以下幾點也許可以讓你比較不那麼需要避險：

一、小心建立原始選擇權部位。唯有確定情況出現變化

時，才可以賣出相反部位，也就是說，堅守紀律！

二、只操作四到五個星期的時間，不要長於這個期間。如果選擇權價格允許的話，兩到三個星期更好。

三、分階段賣出選擇權，這樣可以進一步降低避險的必要性。

不過，我也會採用另一個完全相反的方法。這是一種本末倒置的方法；避險策略就其本質而言是一種順勢投資法。所以，先展開順勢投資方法，接下來賣出選擇權，這樣就可以一直保有部位，不須軋平。

舉個例子，如果你在5000點做多期貨，那麼當它到5220點時，你已經非常提心吊膽了（不管原因為何），此時你可以賣出幾個買權（假設約佔期貨部位的50%），並一直保留這些期貨部位。這個順勢操作策略必須預設停損水準，一旦達到停損點，就必須出場，但是你已經賺到賣出買權所得的權利金。此時，你當然也知道市場已經達到你的停損點，如果這些停損點設定得當，當市場達到停損點時，代表先前的**趨勢**已經開始令人質疑了（所以賣出買權是正確的）。

不過，如果市場繼續原本的走勢，那也沒有關係，沒錯，也許你損失了一些潛在利潤，但卻還是保有順勢的部位，沒有脫隊。

我最後要說的是，我已經投資選擇權長達十年之久，這個策略有時會弄得很複雜，所以，一定要非常了解自己，才能解決這些問題。

而且，我不建議新手投資者採用這個策略，事實上，新

手們最好想都別想用這個策略。不過，有經驗的老手可能可
以這裡找到他們祈求已久的答案。

期貨策略

我有一些常用的期貨策略，以下就是這些策略的清單：

一、未能有效形成「無發展」的跳空缺口操作。

二、突破失敗時的操作。

三、再度測試失敗時的操作。

四、突破區間壓縮時的操作。

五、在「關鍵」支撐區或壓力區針對長期趨勢進行操作。

六、艾略特第五波的操作。

七、夭折型態的操作。

八、順勢而爲不是夢。

九、修正走勢的操作。

十、其他系統化的方法。

通常我會盡量在超漲（價格超過價值）時賣出，超跌（價格低於價值）時買進，這個概念已經在第18章討論過。在以上十個概念當中，在使用第一、二、三和五個概念時，

我一定都是在超跌的情況下交易，但其他則不盡然。

我一再提及低風險交易機會的重要性，讀者一定要徹底了解這個概念才行。我說過「投資者只能接受最好的訊號」。不過，這不只單純指部位的建立，我之所以說單純，是由於在那個階段，所有情況都有利於你（因為是個低風險機會）。不過，即使部位已經建立完成，我們還是必須牢記「只能接受最好的訊號」概念。我在部位建立後的早期階段也會繼續監控部位的情況，而如果我發現一些不如我預期的發展，就會出場。這需要判斷能力，而判斷能力的培養則需要經驗的累積。如果你每次都「一見苗頭不對」就出場，一開始你的交易成果可能會趨於惡化，不過，有個方案可以彌補這個問題──有時候，如果我發現有一筆交易不理想，我會在獲利剩下一到兩點的位置趕快出場，雖然這麼做不是很高明，不過總比虧損好得多。

最後，除非我的帳面獲利已經很可觀，否則我通常不會保留隔夜部位（也就是說這個部位已經有獲利，而且我判斷即使隔了一個夜晚後行情可能反轉，帳面獲利也足夠彌補任何潛在損失）。

不過，如果有充分的理由（負面因素不多），我也會選擇保留隔夜部位。通常在大漲的次日，FTSE現貨很可能會跳空上漲，但期貨卻不會，因為期貨通常都已經提前反映前一天的延續走勢了。

跳空缺口

市場走勢的形狀與規模都不同，有時候非常簡單，有時

候則不。所以，我們不可能歸納出非常精確的規則，在擬訂策略時也是如此。當市場出現跳空走勢時，接下來通常不是延續走勢，就是反轉。以FTSE期貨來說，跳空缺口是很常見的，不過日線圖上所出現的跳空缺口卻不多，這代表多數跳空缺口最後都形成反轉。就理想狀態來說，我最希望市場上出現以下情況：

- 現貨和期貨在第一個小時左右所出現的高點或低點正好是當天的高點或低點。
- 開盤前九十分鐘的交易就遠遠脫離開盤價格，速度越快越好。
- 至於我多快進場操作，則取決於市場走勢的型態、高低點的相關性與趨勢的方向。

在以上三者當中，趨勢的方向最重要。有時候分析師會不厭其煩地設計一些方法來判斷目前趨勢，不過，其實五歲小孩通常就可以輕易看出趨勢的方向。就像是觀察溪流，我們不需費力就能研判出水流的方向，同理可推到市場情況上。但重點是你必須客觀一點，另外，在轉折點和盤整期間的趨勢也比較難判斷。我個人認為可以發展一些簡單的趨勢指標，這是不錯的辦法，不過一旦趨勢趨於明朗，就該暫時擱置這個指標。

以下是幾個「簡單」的趨勢指標，括弧內的文字意味著下降趨勢，而本文則代表上升趨勢：

一、市場是否出現幾個上升底部（下降頭部）？

二、昨天／今天的開盤、高點、低點或收盤價比前一天

的開盤、高點、低點或收盤價高或（低）？

　　三、昨天的收盤價高於（低於）Y天的移動平均線嗎？

　　四、是否剛剛因放空（做多）而虧錢？

　　以上這些指標可能會有不錯的指引效果，趨勢通常會很明顯，而關鍵就在於：保持客觀。很多投資者一旦發展出一些想法，就改都改不掉。所以，這些指標的真正目的其實是要讓我們看清一些我們早已知道但卻不願接受的事實。

　　在介紹過一般原則後，接下來我要告訴你一個具體的執行公式，但真心話是，我還是比較建議你發展自己的公式。這個公式是：「利用以上所述的第一點，不過如果出現一個看起來和上升趨勢（下降趨勢）唱反調的原始賣（買）盤，就先把這個趨勢視為『持平走勢』，直到上述『第一點』再度有效為止。這個方式可以套用到所有交易期間，而你必須自行決定要採用多長的交易期間。」

研判趨勢

　　你可以順勢交易並等待開盤跳空時買進（賣出）。設定你自己的出手點。舉個例子，你可能決定當價格以任何形式大幅脫離FTSE現貨或期貨的開盤水準時，都要盡早進場。

　　在這個情況下，停損點的設定很簡單，就是設在開盤水準之上（或之下）X點位置。不過，你可能要先認定開盤價格在前X分鐘的交易裡算是高點或低點。這樣一來，就可以在開盤水準之上使用一個過濾器（例如兩點以上），這就是停損點。不過，就我個人的想法來說，如果市場一直停留在

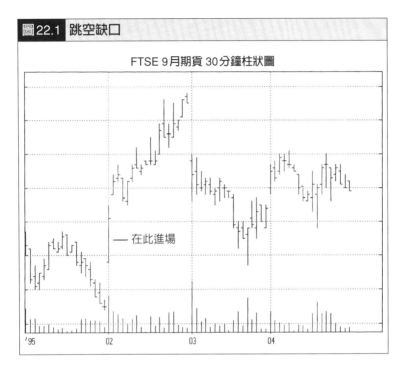

圖22.1 跳空缺口

FTSE 9月期貨 30分鐘柱狀圖

— 在此進場

'95   02   03   04

開盤高點或低點,那麼進行這項交易的理由就比較不那麼強烈了。

有時候你可能會用這個方法進行逆向操作。對於這個作法,我只能說除非你有非常充分的理由,且市場上出現非常強烈的確認訊號,否則不應該這麼做。

圖22.1是一個典型的跳空缺口。市場剛完成一段時間的盤整,而8月2日的正面開盤走勢使趨勢更為明顯。雖然前一天收盤時市場上明顯缺乏動能,但標準普爾指數看起來有點可疑,所以這個現象看起來變明顯的。事實上,標準普爾指數跌了不少,讓市場上的恐懼心理升高(也許吧)。這個線圖明顯點出開盤時所形成的MD,而基於整體情勢的發

展，我很早就進場建立多頭部位。圖上也顯示，通常在這樣一個交易日後，期貨通常會下跌。當你從中獲得利潤後，最好是把一部分利潤落袋爲安。等待這種走勢是值得的，當你對自己的交易風格越來越有自信後，就可以增加部位規模，而在遇到這樣的交易日時，只要操作二十口合約就可以賺進大約一萬英鎊的利潤。

在此買進

本書並不推崇特定的交易系統，所以獲利回吐的方式因人而異，不過，你可以參考以下幾種方式：

一、如果是順勢操作，在趨勢改變前都不需獲利回吐。

二、每天結清部位，可以在收盤時結清，也可以採用追蹤停損的系統。

突破失敗

通常一個大波段走勢之後都會出現突破失敗的走勢。如果你能掌握到這樣一個波段，那麼從中賺到的利潤將足以彌補五次以上的虧損，因爲這些虧損通常理當很小。

我不敢說在突破失敗時介入市場將可以創造多少百分比的勝率，我目前正在研究。不過，這當中的邏輯很清楚，在突破失敗時進場，獲利的潛力很高，失敗的風險卻很低。

我所要追蹤的訊號非常符合邏輯。我會先找出一個「關鍵」水準——也許是一個整數（如6000、1150或10000），

也許是一個重要的支撐或壓力區，或者是我心中所認定的重要水準，總之，這個水準具備某種重要性。我通常比較喜歡見到現貨指數突破關鍵水平，因為我認為這種突破比較重要——事實上，期貨通常不會「突破」，而這可能是這種訊號的觀察重點之一，因為期貨通常已經在前一天就先完成突破了。在見到十點以內（通常是一到兩點）的突破時，我會尋找一個回測的關鍵水準。一旦價格回測這個水準，突破失敗的訊號就正式出現。不過，實際的操作並不見得這麼簡單，因為那還必須視當時情況而定。舉個例子，如果市場出現快速轉折，我也許會在回測關鍵水準以前就先建立部位。如果市場走勢很遲緩，那麼，我可能會另外尋找更多確認訊號後再採取行動。關於這類交易停損點應設在突破失敗點之上。

最好的「突破失敗」交易訊號是：當我們建立一個部位後，有很多其他投資者也搶著建立相同部位。

不管是什麼樣的低風險進場點，最重要關鍵之一是：當我們在尋找重要的反轉點時，其他投資者也都在找這些點。此外，在這些反轉點出現時，市場上一定會存在很多支持原本走勢的部位存在，直到突破失敗走勢（或任何其他走勢）出現以前，這些部位都還是存在。也就是說，由於這個機會好到不容錯過，所以市場會出現非常快速的走勢，因為此時很多投資者也體會到這波走勢的力量，於是紛紛開始結清反向部位。

如果沒有出現這樣的走勢，就代表訊號不是那麼強烈，只不過，有時候這種強烈行為會晚一點才出現。不能太過吹毛求疵，因為你可能會因此而篩選掉所有訊號。所以，最好是採取中庸一點的態度。圖22.2顯示在3539.2點之上出現一

圖22.2 突破失敗

FTSE現貨5分鐘柱狀圖

未能順利突破3539.2點
前一個歷史新高點（1994年2月以來）

1995年8月22日

個很明顯的「突破失敗」訊號。最初的走勢非常正面，價格
確實也急漲。但是，這波急漲走勢隨即失敗，市場又回到原
先的關鍵水準。圖22.3是同一個市場走勢下的期貨表現。雖
然後來下跌走勢持續不久，不過依舊能獲得很不錯的短線利
潤。只是通常這類訊號可以創造遠高於本圖例的利潤。

在此，我必須強調一個重點：在這種「突破失敗」走勢
下，你其實是逆勢交易的，所以一定要掌握好進場時機，而
且一定要有充分理由能支持這種「市場即將反轉」的想法。
不過，還好停損點設得比較近，應該設在你認為已經失敗的
突破走勢的高點。

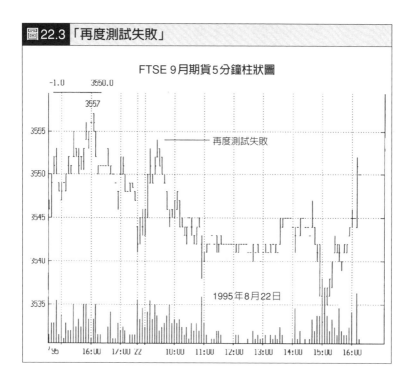

圖22.3 「再度測試失敗」

FTSE 9月期貨5分鐘柱狀圖

再次測試失敗

我們往往稱這種走勢為「蛇」，因為這個訊號和基本操作邏輯有點相反，它要你在上升趨勢中賣出，或在下降趨勢中買進。由於整體情況沒有太大的改變，所以如果市場出現再度測試走勢，就很可能會突破。「突破失敗」訊號代表某些事情已經轉變——市場已創新高（或新低），並形成一種「市場可能走多頭（空頭）」的共識。所以，我個人比較不喜歡接受「蛇」訊號；不過以前我曾經只採用這個訊號。

當市場創下關鍵高點或低點，回頭後又再度測試這些高點或低點時，就會出現這個訊號。但此時市場尚未重回這些

高、低點，就隨即回跌。在這個情況下，後續的演變最好是非常快速，最好有一些「無發展」可以作為交易的參考；我們往往希望市場上出現證明這個走勢失敗的證據。這個訊號的停損點必須設在很近的位置，不過這應該不成問題，因為停損點可以設在被測試的高點或低點上／下方，也就是說，一旦失敗的再度測試走勢「未能成形」，就必須執行停損。通常我喜歡短期內的這種訊號。圖22.3的期貨線圖即是一個很明顯的「再度測試失敗」，和圖22.2現貨線圖的「突破失敗」正好兩相對照。

區間壓縮

　　針對這個訊號，我是採用五分鐘的期貨柱狀圖（請注意，有些訊號是採用現貨，有些是採用期貨，有些兩者都不用，有些則兩者都用），並從中尋找呈現長方形形狀的「壓縮」（持平的市場行為）走勢──就是壓縮區間內的柱狀圖碰觸到該壓縮區間的高點和低點好幾次。圖22.4就是這種型態的市場走勢。

　　這種訊號可能代表市場將朝上或朝下發展，而訊號本身可能只是單純的區間跌破或突破。就理想狀態來說，停損最好是設在壓縮區間的另一端，這樣算是很接近的位置。和其他所有低風險交易概念一樣，你應該選擇完全符合你的條件的「方塊」，一定要吹毛求疵，只接受最好的訊號，因為這是你應得的。如果停損點距離過遠，也不需要理會它。如果你期望在你進場後，市場不要再回歸到這個區間，那麼，一旦價格又回到該區間，請一定要出場。一定要堅持降低風險

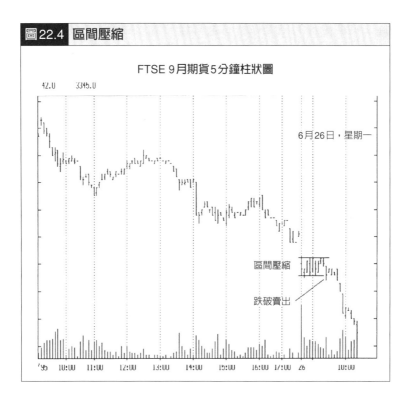

圖22.4　區間壓縮

FTSE 9月期貨5分鐘柱狀圖

6月26日，星期一

區間壓縮

跌破賣出

的原則，只接受完美的訊號。當然，你不可能百分之百正
確，只不過越謹慎操作，成果一定越好。

關鍵水準

　　「市場概況」的設計是要披露「長期投資的市場參與者」
的動向。箇中的邏輯非常清楚，短線的投資者和本地資金不
可能撼動市場，因為他們沒有投入什麼，也沒有抽走什麼。
不過，長期投資的市場參與者卻會投入資金或抽走資金，這
些參與者將左右市場的漲跌。通常，我們認為在「關鍵水準」

時，長期投資的市場投資者通常會變得比較積極，所謂關鍵水準，就是指長期的支撐區與壓力區、一些整數關卡，以及市場「知名」的水準——這是指大家經常談到的目標價等。談到這一點，我有時候也會採用符合這些條件的短期價位水準，這主要是用在我需要針對選擇權合約建立避險部位時。

在這類水準時，市場通常會形成某種型態的轉折，而且通常是重大的轉折。這種水準出現時，我也會尋找市場上是否還同時出現其他訊號，諸如失敗的跳空缺口、失敗的突破或其他任何訊號。不過通常到這類水準時，將產生最好的交易機會。舉個例子，1995年6月23日FTSE從3405點高峰開始下跌就是一個很好的例子。實質上，如果市場到達「關鍵水準」時還伴隨出現其他訊號，那麼這個訊號的強度就會增加，讓我更有意願進場，因為這種情況代表更好的機會。

艾略特第五波

艾略特理論的一大問題是「它假裝自己很了不起，但其實不然」。艾略特胡亂扯一大堆什麼「宇宙的祕密」和其他一些沒有意義的論點，讓人誤以為這個理論真的有什麼意義。也許有那麼一天，所有人都會認同這個理論，認為艾略特始終都對，但就目前來說，艾略特一點都不重要，而且不管對任何市場來說，它都不會是重要的。原因是：如果有人發現市場的「祕密」，市場就隨即會反映這個祕密，久而久之，祕密就就不會是祕密，當然也不再有效。

此外，艾略特的邏輯根本就完全錯誤，一個囊括所有類型和形式市場走勢的理論怎麼可能有任何價值可言？你又要

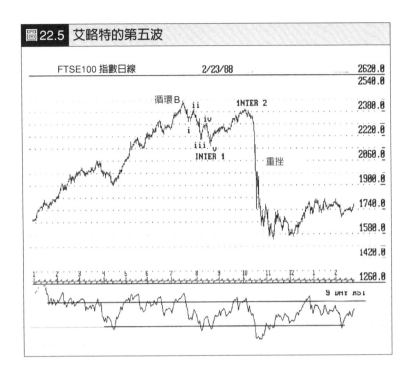

圖22.5 艾略特的第五波

如何預測一些不可預測的事？問題是，一旦你開始接受一個完全爲了讓你預設立場而設計的方法後，就算這個方法發生問題，你也很難摒棄它，但無論如何，請一定要擺脫既定的成見。

不過，艾略特第五波卻是個有用的訊號，我不想花時間詳述這個訊號，如果你想了解什麼是艾略特第五波，可以參考圖22.5，或直接閱讀一本和艾略特理論有關的書籍，不過我們已經把這個主題列爲禁止閱讀書目，因爲心靈的污染要花很多時間才能清除。

這個訊號很清楚，如果第五波出現，那麼第五波的方向就代表**趨勢**的走向。接下來，就是如何介入這個**趨勢**進場的

問題了。我們建議你可以在本章所介紹的任何一個低風險機會進場，或在第五波的低點出現後進場。第五波也可以用來作為第五波結束後的**趨勢反轉訊號**，請見第24章。

夭折型態

我寫過很多這個主題，也在客戶諮詢熱線裡談論過許多有關這個型態的話題。對投資者來說，這類型態算得上是重要的型態，原因很清楚也很合理——如果市場正逐漸形成一個型態，那麼就會有很多（甚至非常多）投資者可能會依據這個型態進行交易。光是這個理由就足以考慮「看衰」這個型態，也就是說，你應該對這個型態進行反向交易。不過，在進行反向交易以前，最好是等待型態瓦解的訊號出現再採取行動。

就某種程度來說，「突破失敗」也算是這類型態的一種。就傳統的理論來說，當支撐區跌破時，它就代表一種賣出訊號，不過，如果這個走勢夭折（也就是假跌破），那麼，就應該反手買進。關於這類型態的詳細內容、為何型態會夭折、如何針對這種型態進行交易，以及停損點該怎麼設等問題，全都已經超過本書的範疇。

順勢而為

順勢交易很難；想想，你要怎麼安穩坐在一匹頑強的野馬背上？不過，趨勢就像是狂放不羈的野馬一樣，它會想盡辦法甩掉所有想「馴服」它的投資者，而事實上，唯有這麼

做，它才有機會倖存。

　　我們必須承認，所有交易都必須有某種程度的妥協。我們不可能每次都買在最低點、賣在最高點，也不可能每次都掌握到一整段趨勢。所以，要有好的開始，一定要先為趨勢下定義。

　　我是用「市場概況」來定義趨勢。我的定義是：如果沒有積極的賣盤，就是上升趨勢；如果沒有積極的買盤，就是下降趨勢。

　　接下來是這個訊號的停損點設定。就停損而言，市場上必須出現初步的逆勢走勢，而且這些價格走勢必被市場接受。不過，要正確使用這些方法，一定要先知道「價值」何在。價值不容易計算，所以最好還是用適當的軟體來計算。不過，你也可以利用前一天的價格區間來判斷市場所出現的這些初步的逆勢行為是否錯誤。

　　我們曾在第15章討論過「市場接受點」的概念。如果市場拒絕了突破走勢，那麼你應該繼續順勢交易，如果沒有拒絕，則必須出場。就通則來說，你應該盡可能相信趨勢，給它多一點時間——因為趨勢是你的好朋友。

　　到目前為止，我們沒有討論到進場條件，其實是因為我們沒有特定的進場條件。我們希望利用任何一種低風險交易機會（先前曾討論過）進場，接下來，一旦加入「趨勢」的行列，就繼續追隨趨勢。你的進場點可能有好幾個，這沒有什麼問題，不過你可要仔細衡量你的整體部位，不要犯了「交易過度」的毛病。這裡有一個滿實用的方法——當你覺得趨勢已經出現疲態時，可以賣出選擇權。

　　假設你是在上升趨勢中做多四口期貨合約，那麼，你可

以在你預計將結清一部分期貨合約的價位賣出兩手買權，這不僅是因為趨勢已經出現轉變的跡象，也因為市場已經開始搖動你的心志。你可以分批執行這個策略，這樣可以更合理強化你的整體獲利能力。

修正走勢

談完趨勢，接下來一定要討論修正走勢。

市場所有修正走勢的目的都是為了「洗掉」順勢交易者的部位。修正走勢使用了各式各樣的武器，包括時間、價格、新聞與速度來達到目的。所有這些手段都是為了營造能讓趨勢重新出發的心理背景。當然，我們一定要知道如何區分修正走勢和全新趨勢的差別，只不過這通常很難，無論如何，我們知道任何人都難逃虧損，也知道沒有人會百分之百都正確。要判斷目前是否屬於新趨勢並不容易，這就像要判斷目前是橫向盤整或仍處於趨勢中一樣難，不過，這些卻都是很重要的問題。

只有最疲軟的修正才不會產生和目前趨勢相反的走勢。如果這些走勢未被接受，那麼就可以繼續順勢交易，如果過程中不幸被「洗掉」，那麼一旦判斷（且不論對錯）是被修正走勢洗出場的，就必須重新進場。

我們將在第23章更詳盡討論各式各樣的其他系統化方法。

圖22.6顯示了修正行為後的大漲走勢。不過這個例子的大漲走勢後來夭折了，所以訊號也隨即失效。

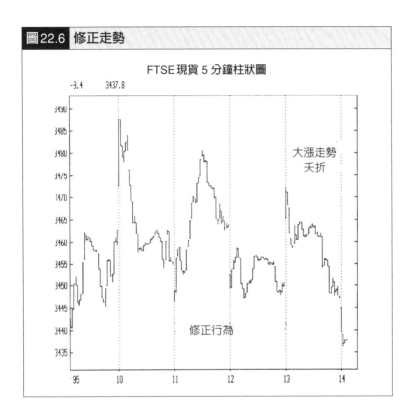

図22.6 修正走勢

FTSE現貨 5 分鐘柱狀圖

交易系統

我把我個人投資時所採用的完整交易系統清單列在第24章。上一章所介紹的策略則是發展我個人交易系統的基礎。

我從木把一套系統釋出給超過十個客戶，所以相對來說，系統的價格可能就顯得很高。不過，要分辨布丁的好壞，一定要吃了才知道，交易系統也一樣，一套操作系統價值多少，端看它未來能幫你賺多少錢。所有向我購買交易系統的人並不只是買到一套系統而已，還買到我個人的承諾（我的承諾是要讓這套系統為他賺錢，或為他尋找另一個在市場致勝的途徑）。這是一個非常重要的承諾，也是我限量銷售交易系統的主要原因。

停損

在先前所討論的每一種低風險交易機會的內容中，我已經詳細討論過停損點如何設定，也在第15章完整討論過停損議題。我在停損設定與執行方面的能力越來越強，我想我

的成長過程對其他交易者可能很有幫助，所以將這個流程簡述如下：

當我開始從事金融交易時，我根本不知道什麼是停損。不過，我當初所從事的交易是賣出選擇權，而當我開始覺得有壓力時，就會設法限制風險水準，當時我認為應該賣出反向的選擇權或買進類似的選擇權來控制風險。這樣一來，就某種程度來說，我就限制了我的風險曝露程度，而且到了某些市場水準，我也會採取行動，而所謂「某些市場水準」應該可以稱為「停損」水準。

接下來，我開始學習交易（我保證這個過程並不輕鬆），也開始介入期貨市場。在這個階段，我了解到停損的基本概念。我經歷過許多不同的階段，現在的我會針對期貨設定停損、針對現貨設定停損（營業員會為我執行），會設定非常遙遠的停損點，也會採用非常接近的停損點。

我到現在還是會經常使用上述某些停損方法，最常採用的時機是我因故要離開辦公室時。關於這一點，我要說一個教訓。我有個朋友為了要買報紙，所以必須暫時離開辦公室十分鐘，而他認為這種情況不需要設定停損。但是情況的發展卻出乎意料之外。當他在過斑馬線時，第一輛車雖停了下來，第二輛卻沒有停，它直接撞上第一輛車，再撞上我朋友。於是，他被送到醫院。當他清醒後，禍不單行地發現他的市場部位受到重擊。所以，我的座右銘是：如果要出門，一定要設下一些停損點。

不過，還有一點要注意，我現在已經能夠有條有理地執行「精神停損」，所以，我不需要在市場預下停損單。如果你還沒有培養好執行精神停損的紀律，就必須預先在市場下

停損單。

　　你可能會問，我目前是採用什麼樣的停損方式？通常我會採用精神停損，不過我也會採用「接受點」概念。也就是說，我一定要見到價格低於（或高於）我的停損點且被市場接受後才會出場。不過如果我要出門，則會在市場上下一些簡單的停損單。

　　因此，我不一定採用什麼樣的停損方式，但是，我一定會設法控制我的風險和部位，你也應該這麼做。

一個成功的祕密

　　這裡我要提供一個致勝的祕密，也是很多投資者未能成功的原因。過去的金融交易裡，「先入為主的觀念」是我的最大問題，我尤其是指像艾略特理論所灌輸給我的成見。我過去曾因為見到某種型態，也被這個型態說服，於是以一種下意識（或部分下意識）的思考方式，認定市場將會出現特定結果。而這種想法影響了我的所有交易，但通常結果都很慘。很多的傳統交易方法都會造成這種結果，而這個問題的唯一答案是：請一定要意識到問題的存在，接下來積極抹滅這種錯覺。在從事任何一筆交易時，只能考量你從事這筆交易的原因。如果你產生任何錯覺，一定要設法排除它。

　　市場上所有未經確認的型態都是無意義的，而一旦型態獲得確認，除非型態消失，否則其意義永遠存在。所以，你必須確定自己能確實掌握到這些情況。切記：「交易你眼前所見到的機會，而非你所推想的機會」

我自己的交易原則

你可能會問：我是不是也採用自己這些系統交易？沒錯。這些系統幫我賺錢，而且是在低風險且可接受的條件下為我賺錢。這些訊號曾經精準「預言」過史上幾次最大的行情，而這些行情的走勢也完全偏離約定成俗的觀點（至少就我所了解，幾年下來的確是這樣子的）。只要善加利用這些訊號的指標效果，就能在只冒一點點風險的情況下獲得非常可觀的利潤。

不過，我在這幾次大行情裡的操作並不完美，喬·羅斯寫過一本很棒的書，書名為《分秒操作》（*Trading by the Minute*），該書有一個重要主張：「交易你眼睛所見到的機會，而非你所推想的機會！」這一點非常重要。我現在只會交易我所見到的機會，不會交易我所推想的機會，因此得以避開主觀認知的謬誤。不過，這整個成長歷程很長，因為我以前實在沉溺過深，而且不管進展到什麼程度，總都還有進一步改善的空間。如果你想徹底發掘自己的終極投資潛能，「擺脫成見」是非常關鍵的要素。

本書一直在重複某些觀點，不過我認為重要的觀點值得一再重複，唯有如此才能顯出它們的重要。

也請你不要把我看成是一個偉大的投資者，我固然還算小有成績，但還稱不上偉大。無論如何，我已經到達一個特定階段，目前的獲利都穩定超過損失，而這一切都是因為我切實遵循本書所強調的原則。遵守紀律當然不容易，不過我發展了許多交易原則，這些原則更讓我擁有足夠的彈性，幫助我更能切實遵守。

　　你必須濃縮這些資訊的精華，歸納出一些能幫助你研擬交易計畫的要素。

　　我將我的交易原則條列如下：

- 只接受最好的交易機會。

　　（一）當**趨勢**明朗化後或（這很少見）出現極端強勁的反轉訊號時。

　　（二）開盤有MD或關鍵水準（重新測試失敗或突破失敗）所衍生的MD。

- 出現（一）時賣出選擇權，這樣就可以跟上（你所感受到的）**趨勢**。

- 在（一）與（二）同時出現時操作期貨，不過也只有此時可以這麼做。

- 除非有充分的理由，否則不應保留隔夜期貨部位。就算只有一點點負面因素，也應該結清部位。

- 慎重考量保護獲利／損益兩平策略。

　　選出所有最佳交易機會的線圖，並深入研究。

- 停損點／避險

　　期貨投資時：最初將停損點設在MD之上，盡力保留順勢部位，不過也要設法保護你的利潤。除非期貨的利潤已經超過80點，否則不要以選擇權避險。此時也要審慎考慮是否直接獲利回吐會比較好一點。

- 選擇權／避險

　　一定要平衡你的部位。一開始先單向操作，接下來，在必要時加以平衡。不過如果有還有兩到三個星期以上才到期，就先不要採取平衡策略。避險時，採用「25原則」或

市場上其他適合的低風險交易機會避險。除非趨勢發展方向已經明朗化，否則不要急著結清某一邊的部位。

　　從這一點就可以看出我會善用本書所提及的所有低風險交易機會，而且我是根據賣出選擇權那一段內容歸納出我的結論。我希望你能採用相同的策略，但你最好選擇適合自己的投資性格的原則。

交易系統與運用時機

有 許多種交易系統的方法可用：

- 百分之百機械化。這很難，而且需要嚴守紀律才做得到，多數投資者都做不到這一點，即使連我也一樣。我知道有很多宣稱自己績效很好的投資者是採用這種方式，不過我個人無法做到如此。

- 完全不機械化。多數投資者屬於這一類，他們也會嘗試使用交易系統，不過他們用的交易系統總一換再換。這個作法注定失敗。你必須成為你所選擇的市場專長的專家，而要達到此一境界，第一步就是找出你的專長，這需要一番思考與反省。更奇怪的是，很多人只為了想使用一套交易系統而去購買它，但到頭來卻完全沒有使用過這套系統。在購買交易系統的人當中，大約只有1%的人有真正使用過。

我使用交易系統的方式是：先尋找適當的市場結構，接下來再採用看起來最適合的系統。所以，重要的是市場結

構，而不是系統。

我選擇的系統

交易系統都是單純的進場機制，不過也具備以下要素（所有系統均然）：

- 低風險。每一套系統都有一個簡單的出場機制，如果你的交易方向錯誤，這個機制就會促使你出場。
- 一個簡單的觸發點（trigger point），一旦這個觸發點出現，訊號就會更加清晰。
- 一個闡述這套系統為何管用的簡單邏輯。

我們絕不可能知道市場將在何時出現什麼情況。因此，我發展了許多交易系統，這樣一來，一旦見到適當的市場結構，就可以進場。我所採用的系統如下所述，各系統間的方法彼此有一點重複，不過這是難免的：

一、V系統

這是非常短線的系統，只要價格突破前一個五分鐘柱狀體的低點或高點，就算出現訊號。這個系統的名稱取自五分鐘柱狀圖，因為羅馬數字的V就代表「五」。它的停損是設在出現訊號的那一個柱狀體的另一極端位置。如果我預期市場將出現非常確定的行為（也就是說，我已經見到非常好的市場結構），我就會在開盤時採用這個系統。在開盤時，第一根柱狀體就是出現訊號的柱狀體，如果此時我要放空，就會在市場跌破第一根柱狀體的低點時進場。通常只要跌破一

個最小升降單位，我就會進場。而在停損點部分，我可能會採用某種形式的市場接受點。

二、XXX系統

XXX和V一樣，不過是採用三十分鐘柱狀圖，羅馬數字的XXX就是「三十」。

三、重新測試失敗與突破失敗

這些內容在第22章就已經討論過。

四、艾略特第五波

第21章也討論過艾略特第五波，然而，我決定修正艾略特波浪理論（至少要修正我個人對這個理論的解讀）。我有時候會把艾略特第五波視為「趨勢轉變」的指標，我不會假設市場將出現與第五波方向相反的修正波，但如果這種修正走勢真的出現，我就會考慮反向操作。不過，一旦第五波看起來即將結束時，我的第一個衝動將會是「看衰」第五波（朝第五波的反向操作）。

五、PDS系統

PDS是我所銷售的交易系統，不過我已經和這套系統的買家達成協議，不能對外發布這套系統的精確交易原則。這套系統背後的概念是要尋找早期的堅定買盤或賣盤，因為我認為這些買盤或賣盤將在線圖上形成瞬間急漲／急跌走勢，而這類走勢有可能成為經確認的MD「無發展」。不過，實際的系統原則是機密。

六、趨勢獵人（Trend-Hunter）

趨勢獵人是我所銷售的另一套交易系統。這套系統和PDS很類似，也是要尋找MD，不過這套系統是要尋找「確認發展」的MD。

七、隔夜交易利器（Overnighter）

我以前對於保留隔夜部位總抱持戒慎恐懼的心態，不過，後來我了解到這只是市場灌輸給所有投資者的一種恐懼；如果要達到終極成就，就必須克服這些恐懼。就這部分，請回頭參見第2章。

八、夭折的型態

這個主題也在第21章討論過了。

投資交易致富之道

如果你願意遵循本書所推薦的交易策略，那麼你一定只會選擇最好的交易機會，而且一旦發現有問題，就會馬上出場；如果獲利，則會放手讓獲利增長。如果能真正做到選擇最佳機會與賺大賠小，你就會贏在起跑點。這種心態非常重要，這會讓你有「是贏家而不是輸家」的心態。

我將在此提出我所發現的全部祕訣。你可能已經知道其中的某些祕訣，有些也在本書前段內容介紹過，不過不管是什麼祕訣，重點在於你必須了解它的價值：

一、當你抓到一波大行情，一定要繼續保留部位。如果

你發現自己一直在尋找出場點，請將焦點轉移到增加部位上。

二、不要中途改變戰術，不管是在任何情況下，都應該堅持到底。否則，你將發現改變的不只是你，市場也會改變，最後，你將不斷錯失良機。一定要有耐性。

三、賣出選擇權的最好時機是在市場波動性高時，尤其在其他人都因賣出選擇權而遭到淘汰出場時。

四、要學習「投資事業」，你需要其他人的協助，也需要人幫你了解操作方法的價值。舉個例子，如果沒有那位我先前介紹過的法人投資者（他還是希望不要透露姓名）幫助，我永遠都不會了解「市場概況」的價值。

通常，我會遵照我所尊敬的市場能手的要求去做，我認為這個原則很有幫助；換句話說，你必須將自己「放空」。如果你滿腦子都是自己的意見，就容不下其他人的想法，這樣是不好的。

五、不過到了實際的交易階段，就必須做你自己。不要追隨任何人的腳步，不要聽取其他人的意見。用你自己的方式交易，這是唯一的致勝之道。我的意思並不是要你完全摒棄其他人的方法論，而是要你把其他人的方法論變成你自己的。除此以外，沒有其他方式行得通。

六、不要掉入「三次失敗」的陷阱——大多數投資者在使用交易系統時，如果連續失敗三次，就會放棄這套系統。不過，所有系統都可能出現連續三次失誤。如果你一遇到這種情況就放棄，絕對不可能成功，因為你只會忙著放棄不同的系統而已。

七、你必須好好鎖定你的焦點。選定你的方法所需要的

要素，並設法取得這些要素，接下來，利用適當的軟體等，設法成爲這個方法的專家。成爲專家後，你才會成功，而且除非你變得非常專業，否則不可能善加運用這個方法。

八、關鍵的課題之一是勝利後的應對方式。由於我們的「勝利」經驗較少，所以比較沒有機會學習這一點。這不僅是紀律迴路（在紀律迴路中，投資者嚴守紀律，並因此而賺錢，接下來，他們會變得自滿，並因此而失敗；接下來，他們又再接再厲，獲得勝利，但卻又因變得自滿而失敗，如此不斷週而復始）的問題，因爲相較之下，紀律迴路的問題還算容易克服；真正的問題源自於我們的內心最深處。

就一定程度來說，在學習投資事業時，我們必須接受虧損是「家常便飯」的觀念；但通常隨著我們開始獲勝，先前爲「坦然接受虧損」所建立的心態就會開始動搖；漸漸地，讓我們獲得勝利的原則將開始瓦解，當中的原因迄今依舊不明。不過，你一定要打破這個模式。

九、執行停損。

十、放手讓獲利增長。

十一、只接受最好的交易機會。

好好吸收以上祕訣，你將會成爲贏家。祝你好運。

市場迷思

指標與市場方法

現在我要討論「錯覺」，因為絕大多數的投資都是以錯覺為基礎。錯覺本身並無問題，問題在於很多投資者會賦予「錯覺」實質意義，但錯覺其實通常是沒有意義的。錯覺可能以艾略特波浪理論、甘氏分析、強弱指標（RSI）背離、平滑異同移動平均線（MACD）訊號、隨機指標等等形式出現。

我並不是說這些訊號都是假的，但除非是以統計為基礎，否則任何訊號都不會是正確的，因為若非以統計為基礎，這些訊號就不會有意義。

唯有市場走勢和這些訊號所指示的方向同步，否則這些訊號都沒用，甚至更糟。事實上，以上多數方法只能運用到進場機制上。進場點比較簡單，但其實進場並不怎麼重要，重要的是如何出場。很多投資者被這些錯覺給誤導，最後更因未能察覺這些錯覺已失去意義而失敗。投資致勝的關鍵在於看穿進場機制的真正面貌：你必須了解，進場機制只是一

種吸引你介入市場的「便宜錯覺」罷了。

　　成功投資者的策略是：只要部位符合預設條件，就會一直保留部位，而一旦這些部位不再符合條件，就即刻出場。這就是關鍵——進場的重要性很低，唯一的重要性在於它讓你有出手的理由，另一方面，它可以用它來設定停損點的標準。如果你能了解這一點，就等於有了好的起步。

　　用另一種方式來說，投資者一心沉溺於進場條件，一般人所關心的多數方法幾乎都只能算是進場系統，除此之外無他，而當我們誤以為這些方法不只是進場方法時，問題就來了。艾略特和甘氏理論是最糟的，因為它們一開始就假裝自己很了不起，但其實從頭到尾都不怎麼樣。所以真正不變的真理是：如果你順勢交易，進場點並不重要，而如果你逆勢操作，答案也一樣。某一種進場方法可以讓你獲得十分之八的勝率，但用另一種則可能全盤皆輸。實話實說，十分之八的勝率也許有點高，不過，如果你真的抓到趨勢，這個機率就不算高，只可惜通常你所認知的趨勢並非真正的趨勢。

新聞指標

　　新聞本身也沒有太大意義。以下故事說明了這個觀點：從前有一個貧窮的農夫，他唯一的資產是一匹優良的種馬。有一天，這隻種馬逃跑了。他的鄰居大聲感嘆：「真是糟糕，你將來可怎麼辦？」農夫表示這個局面當然不好，不過他想靜觀其變。

　　隔天，這匹種馬回來了，還引了兩匹母野馬回家，顯然牠充分展現了牠的魅力。

這次鄰居又說話了：「美好的上帝！」農夫回答：「也許吧。」次日，負責農夫家中所有事務的兒子在馴服這兩匹野馬時摔斷了腿。鄰居又說話了：「真是糟糕，你還過得下去嗎？」農夫回答：「也許吧。」隔天，軍隊到這個村莊把年輕人全都徵召入伍。鄰居又開口了：「這下可好了，你兒子不會死在前線了。」

這個故事的隱喻是：新聞完全不重要，重要的是接下來所發生的事，但偏偏沒有人知道接下來將發生什麼事。對金融投資來說，新聞的內容並不重要，重要的是市場對這則新聞的認知，以及市場對這項認知的反應。所以，如果市場看法是「正面」的，但實際上卻不斷出現賣盤，這就透露出重要的訊息。

新聞也會衍生風險，所以一定要避免在新聞發布前進行交易。不過，當新聞發布後，市場上就會出現建立低風險部位的機會，

零和遊戲？千萬別信！

人們總說期貨和選擇權交易是一種零和遊戲，千萬別信！除非你進場和出場都是免費（免手續費等）的，它才是零和遊戲。但這卻是不可能的，每次交易都必須支付佣金，而佣金會讓這場遊戲變成非常嚴重的負和遊戲。說到費用，我還沒有考慮到買進價／賣出價的價差，這個價差是不得不付的額外成本，除非你每次都使用限價單，但限價單也有其問題。這是輸家百分比居高不下的主要原因之一，因為全部投資者所爭奪的其實是一個負總和。

交易系統

　　有些投資者認為只要擁有一套系統就可以解決一切問題。如同我在本書解釋的，這個想法有那麼一點正確；不過，這套交易系統必須適合個人的需求，而且，很少（甚至沒有）交易系統是「簡單」的。你必須投注相當多的努力，但其實很多投資者並不喜歡努力。這是市場淘汰率那麼高的原因之一。

十階段的投資修鍊

我全職處理期貨和選擇權的投資時間超過十年，在這段期間裡，我一方面也擔任投資教練，幫助其他投資者發揮最大潛能。多年來，我自己的投資哲學與助人投資哲學都有所轉變，我想你應該也能理解這一點。

實際上，我早期的觀點是：個人投資者必須靠自己走完旅程，而我所能做的，只是提供指引而已。但現在我體會到這並非最好的方式。對於才剛開始追求投資成就的人來說，他們需要的不僅是單純的指引，他們需要更多協助。因此，我歸納了一份十階段流程，這個流程不僅適用於投資期貨的人，也適用於想賣出、買進選擇權和股票的人。你也許會覺得這個方法很有用。

第一步：我目前身處何處？

我現在提出一份心理與投資問卷（見本書附錄），在你抵達目的地以前，一定要先判斷你目前的所在位置，否則你不會知道應該朝哪一條途徑前進。這份問卷有兩個目的，一

個是要讓我知道你目前的位置，這樣我才能為你規劃一份屬於你個人的計畫。第二個目的更重要，是要讓你看清楚自己因應市場的方式，也許這會讓你看出哪些方面應該更努力。

第二步：我希望到哪裡？

如果你有目標，最好先知道目標在何處。我曾說過：「有計畫的人比沒有計畫的人領先好幾步」。所以，我們必須先了解你的目標、你是否想為自己管理資金、進行交易？也許你不見得想自己進行交易，如果這樣，最好現在就看清這一點。先設定你五年後想要達到什麼境界，接下來再設定達成這個目標的步驟。此外，你必須知道自己對哪些形式的交易比較有興趣，諸如投資工具、交易期間、進場訊號類型等。以上這些都非常重要，想達到你的最大潛能，一定要明確釐清以上因素。在經歷過十個階段後，你也許會再回到第二階段，因為當你越了解自己，就越清楚自己的目標，也更知道自己偏好哪些方法論，因此也更能適當修正目標與方法論的使用方式。

第三步：求生技巧（1）

要在市場上倖存，一定要學會控制你的損失。如果你無法倖存，就沒有機會學習更多，活下去才有希望。控制損失的方法有很多種，這些方法取決於你所使用的投資工具以及交易風格而定。以下是幾種可能的方法：

- 使用到價自動執行的停損單。
- 買進選擇權，這樣一來，就可以將風險控制在總投資金額的範圍內。
- 使用精神停損。
- 利用「市場接受點」觀念設定停損。
- 建立適當避險部位，我在賣出選擇權時會這麼做。
- 對經常交易期貨的人來說，唯一的方案是在你下這筆交易單時，同步下一筆到價自動執行的停損單。這麼做的理由是因為大多數投資者都無法有效執行停損，無論是哪一種方式的停損皆然。在市場上倖存的關鍵在於：在必要時採取行動。因此，你需要採用一套能幫你堅決執行停損的流程。

第三步可以幫你節省很少虧損。這是最重要的課題，因為透過這個步驟，你將爭取到更多時間讓自己學習其他重要事務。

第四步：求生技巧（2）

花這麼多篇幅談論如何在市場上求生是值得的。第四步和資金管理（MM）有關。當然，這部分是依不同投資者量身定做。我個人的原則是：每個交易部位所承擔的風險都不超過總資金的1％或2％，不過，在賣出選擇權時，我會承擔稍微高一點的風險，這是由於這種工具的本質（風險較低）。

MM的首要原則是：在持續取得穩定獲利以前，交易數

量不能超過一個合約；不過，在你的紙上交易開始穩定獲利以前，最好不要輕易嘗試實際進場，這麼做確實可以省下一筆財富。

第五步：方法論

此時就該適當的方法論上場。交易方法論的關鍵重點在於清晰與精確——它要能精確告訴你何時應該或不應該建立部位。這一點很重要，因為你必須知道自己何時沒有切實遵守原則。這是這個階段的根本目的，它會讓你看清你自己。不過，在進入第七階段以前，這個流程並不算真正開始。所以請再接著看第七階段的內容。因為你必須取得足夠資訊才能運作你的交易系統。

相反地，你也可能發現自己總是接受太多不需要的資訊。舉個例子，如果你是選用一個單純的價格驅動系統，那麼你一點也不需要逐字閱讀《金融時報》、《華爾街日報》等出版品。你應該會發現你所接收到的資訊中，有90%是不必要的。如果不用接受過多無用資訊，就可以省下許多時間到更有建設性的用途。

第六步：理論

取得滿意的方法論後，下一步就是進行紙上交易。

這個階段非常重要，原因如下：

- 連紙上交易都行不通的方法一定不可能在市場上行得

通。

- 紙上交易至少會遵守紀律。另外，透過紙上交易，也許能看出你想實際進場交易的衝動有多大。在時機成熟以前，這種衝動並不恰當，不過讓你知道自己有這些衝動也是好的，因為當你開始實際交易後，這些衝動可能成為你最大的敵人。

- 你需要建立對這個方法論的信心。回溯測試是其中一種方法，這是一定要做的步驟。不過，事前測試當然更好，因為你可以親眼目睹訊號的形成。

- 想像一下如果每一筆交易都是真實的，你將會有何感受。藉由這種想像，就可以建立你對這個方法論（以及利用這個方法論進行交易）的信心。

雖然是紙上操作，也有很多東西要學習，我相信這是整個流程的一個關鍵步驟。

第七步：實際進場

現在就該開始實際以你的方法論（或幾種方法論）進場了。實際交易和紙上交易並沒有差別，只不過此時你必須真正開始下單。這兩者的差異在於實際交易可能對你產生一些不同的影響，你必須設法將這種影響降到最低，以下是相關的守則：

- 採用優異的資金管理系統，確保每筆交易所承擔的風險都很低。槓桿程度不僅可能影響潛在報酬，也會影響潛在損失，當然也可能會讓你感到緊張。槓桿過高將會衍

生過多不必要的心理面問題。切記：害怕虧錢的人不可能賺錢。

● 你必須對自己的交易系統有信心，由此可見紙上交易的重要性。

● 你必須對自己有信心，尤其要對你快速且有效執行停損的能力有信心。

第八步：克服恐懼

大多數投資者到某個時點都會感到恐懼，這看起來是整個流程裡不可避免的階段，也是所有投資者都必須設法克服的問題。在經歷這個階段後，投資者就會抵達風險導向的境界，此時，他們就不再是恐懼導向。通常恐懼來自於大額虧損。不過，很多小額虧損累積起來，也可能引發恐懼感；另外，投資者對市場的一些想像（很少會發生的情況）也會引發恐懼感。第七階段提到的三個守則也許會有一點幫助。

不過，感到恐懼是很自然的，而你也必須了解，很多情況的確也是有風險。如果你很清楚自己在做什麼，那麼風險就是可控制的。就某種程度來說，恐懼問題的嚴重性取決你能否當個自在的投資者。

第九步：放手讓獲利增長

要賺取可觀的利潤，關鍵在於學會放手讓獲利增長。如果你每次都只是賺點蠅頭小利就獲利了結，那麼你不可能賺大錢（雖然不見得所有方法論都適用這個觀點），因為這些

蠅頭小利只夠抵銷你的一些小虧損（因爲你已經學會不要產生大虧損）。如果你依舊處於恐懼導向階段，也不可能放手讓獲利增長。我曾經想，「放手讓獲利增長」眞有那麼難嗎？不過，現在我終於了解當中的原因和投資者必須學習的第一課有關：一旦你有獲利，剛好市場又小幅回檔時，你很容易就會把執行停損的概念運用到已經有獲利的交易上。但這麼做的結果卻導致你無法徹底落實「放手讓利潤增長」。所以，要獲得眞正的高額利潤，一定要學會在不可避免的拉回走勢中按兵不動。

第十步：成爲專家

　　最後一步根本算不上一個步驟，這是一個結果，由於你已經從投資學徒出師，所以你已成爲專家，是個隨直覺交易的人。不過這並不代表你不再有進步的空間，要知道學海無涯。不過，至少你已經完成這十階段流程，而接下來的穩定獲利將證明你已成爲專家。

第三部

我的交易經驗：
看圖說故事

美國與英國市場中的低風險交易機會

這一部分是要以實際的市場走勢來對照本書提出的一些投資原則。在選擇對照的線圖時，我盡量不選擇過於特殊的線圖，因為我認為重要的是觀察「典型」的市場走勢，不應該特別選擇一些只能驗證特定觀點的線圖說明。

市面上很多書籍總會精挑細選一些線圖來驗證某些觀點，但這些觀點其實高度令人質疑。市場上可能發生任何事情，老是解釋一些罕見情況並不會有太大幫助。

如果一波瞬間急漲走勢能脫離前一天低點，就代表這個走勢比較強。

圖27.1是開盤瞬間急跌的線圖，這條垂直線代表前一交易日的結束。你應該也注意到，在上漲過程中，曾經出現兩次瞬間急漲走勢。投資者可以用不同方式利用這些瞬間急漲急跌走勢交易。

讓我們以5月5日的瞬間急跌走勢為例。瞬間急跌走勢的關鍵之一是「價格瞬間超過前一天高點」，而我將這個走勢視為一個重點。如果一個瞬間急跌走勢沒有呈現這種情況，就算不上是個強勁的訊號；而如果是瞬間急漲，若走勢

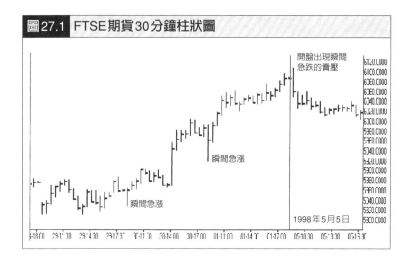

圖27.1 FTSE期貨30分鐘柱狀圖

開盤出現瞬間急跌的賣壓

瞬間急漲

瞬間急漲

1998年5月5日

能脫離前一天低點，就代表這個走勢比較強。為什麼這麼說？因為這個走勢已經探測出市場上事先設定的停損單，並進一步把這些停損單洗掉，但在此同時，卻無法引出任何有意義的賣盤，反而是引發了有意義的買盤，最後造就了一波瞬間急漲走勢。這意味除非有某些事物改變，否則市場上已經形成一個強勁的支撐區。反之亦然，如圖27.1的瞬間急跌走勢。如圖所示，這波瞬間急跌走勢的高點是在6105點，這個點也是當月的高點。當我把這個線圖儲存到磁碟片時，我並不知道那一波的高點就是當月高點。後來，在7月7日星期二當天，指數又回升到這一波瞬間急跌走勢的高點6105點，不過並未向上突破。圖27.2是FTSE期貨的日線圖，當中標出了這個高點。

在利用這類瞬間急漲急跌走勢進行交易時，投資者有很多不同的選擇。投資者可以等待走勢下跌到距離高點X點以後再進場（這個X是投資者自己偏好的一個數字）。X越

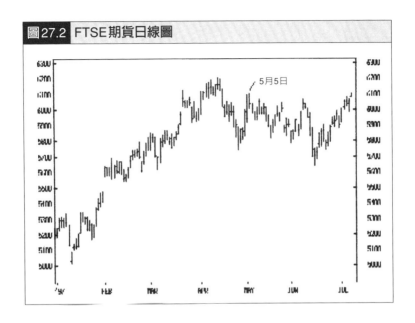

圖27.2 FTSE期貨日線圖

小，就越容易接收到錯誤的訊號，但X越大，每一筆交易的
成本就越高──別忘了，市場上沒有白吃的午餐。

另一個替代方案是等待三十分鐘柱狀體的低點出現（見
第22章的XXX系統），另外，也可以採用五分鐘柱狀體
（見第22章的V系統）。這類市場走勢很常見。當然，如果
是考量長期交易──像是趨勢延續或明顯的極端狀態等，這
類瞬間急漲急跌訊號會比較有意義，在這個狀況下，這些訊
號都代表著優異的交易機會。

就這個例子來說，瞬間急漲走勢促使指數大漲，此時，
市場極可能達略微超漲的狀態（我是指買家開始減少，而不
是用一些無意義的隨機指標來研判）。此時，市場正好位於
整數關卡6100點，而訊號也顯示市場突破關鍵水準已告失
敗。事實上，這波走勢濃縮了我在本書曾經提及的許多原

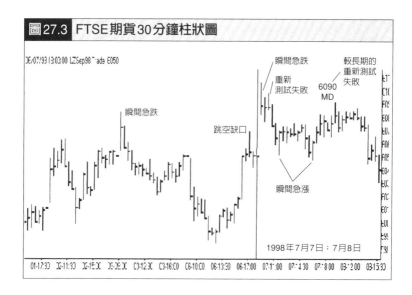

則，難怪隨後的下跌走勢非常可觀。不管投資者是利用哪一種進場機制來介入這一波走勢，都能順利在高點出場，至於是在高點的什麼價位出場，則取決於個人的出場機制。

圖27.3也是一開始呈現瞬間急跌走勢的例子，不過這和上一個例子有很多不同。首先，我們見到非常大的向上跳空缺口。由於市場最重要的目的是要盡可能提升交易量，所以市場將設法回補這些缺口，位於缺口內的各個價位都將會產生很多交易。所以，我們見到瞬間急跌走勢，接下來是重新測試失敗，最後，市場按照慣例補足了這個缺口。接下來，低檔出現兩個瞬間急漲走勢，這意味市場將大漲，隨後也證明市場的確上漲，只不過漲幅不算大。

由於市場最重要的目的是要讓交易量盡可能擴大，所以市場將設法補足這些缺口。

我在這幾天的交易是這樣子的：在7月7日當天，我非

常自滿，原因是我在5800點和5850點賣出買權，而期貨後來達到位於大約6090點左右的高檔區。我的部位有完全避險，所以，我預期將在兩個星期以內——也就是選擇權到期時，得到還不錯的利潤（15%以上）。

在這種情況下，我的交易頻率通常會比較低，因為我認為沒有理由隨意更改一個看起來還不錯的部位。因此，我刻意略過了7月7日的一開始的瞬間急跌走勢，因為當時趨勢依舊明顯向上，這個趨勢正有利於我的部位。

不過，在見到市場重新測試失敗後，我開始比較謹慎觀察我的部位。其實也許我應該每天晚上都全程追蹤各個市場的動向，事實上，我也建議你應該這麼做，只不過，我還是比較偏好由市場來提醒我是否應該開始謹慎。這個瞬間急跌走勢就是市場給我的訊號。下頁圖27.4是現貨的三十分鐘走勢圖，從圖中可以看出我是怎麼計算第五波上漲的。好吧，沒錯，這是艾略特波浪，我當時的確很醉心於這套理論。這個算法並不理想，不過它的確讓我開始有點擔心。另外，7月9日有可能會有政策升息的動作。我心裡很清楚，由於我採取完全避險策略，所以如果市場大跌，我就會很痛苦。因為我不僅會在期貨方面產生損失，為平衡賣出的買權所賣出的賣權也會讓我損失慘重。

所以，我決定採取行動。不過，我只是採取局部行動，以防萬一市場真的大跌，會來不及反應。我的想法是如果我要軋平避險部位，一定要在我自己可以控制的時間內取消，而不是被強逼著去軋平。

在此，我要討論一個有關心理的問題。我發現如果一個部位看起來平平，我通常就不是很有意願介入市場；另外由

圖27.4 FTSE100指數30分鐘柱狀圖

1998年6月　　　　　1998年7月

於我的避險措施通常都會虧錢，所以除非必要，否則我就不避險。但是，我認為這些態度都是錯誤的，如果能把這類情況視為值得一試的挑戰，應該會好很多。抱持正面的態度，見到訊號就馬上採取行動，這樣比較合理。也許我應該在交易金字塔裡再加入一個「正面態度」層次。事實上，如果你在自己的金字塔加上這個層次，說不定很有幫助。在使用交易金字塔模型時，不需要受到任何限制，不過我可不建議你擅自拿掉其中任何一個層次。

　　在這一波裡我錯失了開盤訊號，不過我並不覺得可惜，因為這種機會隨時都有，當後續的漲勢開始變得虛弱無力時，我進場放空。所以，我是在第二個瞬間急漲走勢裡放空，我向來偏好這麼做。如果不是在這個位置放空，就會在低點放空，我會在高點之上或低點之下設定許多停損點，接下來適度避險。我通常在一天的低點放空、高點做多。我想

這種方法會讓人感覺有點耍帥,但無所謂,只要這個策略管用就好。

接下來,我就出門了,結果收盤時大漲。我損失了13點,這還算可以接受,由於採用選擇權策略,所以我到手的獲利已經有700點,所以,為維持這個部位而損失13點,實在很划算。總不可能凡事都那麼完美吧。就以當時FTSE指數來說,它每一點價值十英鎊。

隔天7月8日(請再回頭看圖27.3)我的精神越來越緊繃,也準備好要建立部位。當最初的瞬間急跌走勢(有標註MD的那一個)出現時,我在6080點放空(這波瞬間急跌的高點〔起跌點〕是6090點)換句話說,6090點是這個放空部位的參考點,請一定要選擇紮實的參考點,這樣做絕對會讓你值回票價;而最好的參考點是瞬間急跌走勢的頂點。

接下來,這個瞬間急跌走勢並沒有停止,於是,我又在6043點賣出了一口賣權合約,停損點設在當天的低點之下。不過,後來市場並沒有繼續下挫,美國市場的表現看起來也還好;於是,我在6042點結清一口合約,因為我只想保留一口空單。但是後來美國市場的情況又有點好轉,英國市場也隨之上漲了一些,於是我又在6050點把剩餘這一口空單結清,獲利了結出場。總計我賺了大約30點的利潤,而我的部位也沒有改變。

這一天的工作很順利,我手上的利潤還有700點。我將在第28章詳細討論一個完整的選擇權交易競賽。圖27.5是英國債券市場的三十分鐘走勢圖,我在圖上標註了幾個重要的特徵。數字1、2、3都是再度測試失敗,我想這很清楚。後續的柱狀體向下測試低點,不過沒有跌破,接下來隨

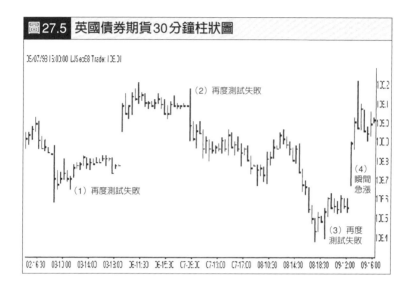

圖27.5 英國債券期貨30分鐘柱狀圖

(2) 再度測試失敗

(1) 再度測試失敗

(4)
瞬間
急漲

(3) 再度
測試失敗

即發展成大漲局面。當然,這些訊號並不見得每次都管用,
只不過從線圖中,我也找不出任何假訊號。數字4是在盤中
(而非開盤)所出現的瞬間急漲走勢。這個走勢完全只是確
認當時上升趨勢(非常短線的)已經形成,由於這波漲勢的
速度非常快,所以事實上這個走勢並非適合交易的機會。我
之所以這麼說,是因為進場點和參考點(停損點)間的空間
可能會因此而變得過大,導致這筆交易不符合資金管理系統
的條件,不過,當然這要看你是採用什麼樣的資金管理系
統。

　　圖27.6是標準普爾500現貨指數的三十分鐘走勢圖。這
個線圖明顯構成艾略特波浪,而如果是要研究艾略特波浪,
我通常比較偏好觀察現貨市場,而非期貨市場,當然,只有
要追蹤艾略特波浪時,我才會選擇觀察現貨市場。這麼做的
原因是期貨市場經常超漲或超跌——我發現期貨走勢經常會

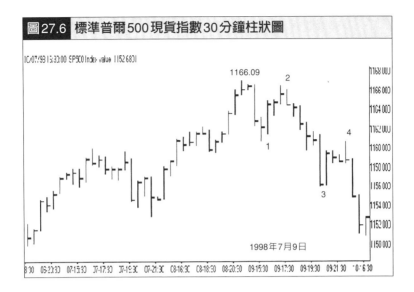

圖27.6 標準普爾500現貨指數30分鐘柱狀圖

1998年7月9日

違背一些刻板的規則。舉個例子，這個線圖顯示從7月8日以來，指數從高點1166.09呈五波下跌。我之所以這麼密切觀察標準普爾500指數，是因為我的FTSE選擇權部位正處於一個微妙的關鍵點，而我感覺標準普爾500指數的這五波下跌走勢的跌幅可能非常大。這麼大的跌幅意味兩個可能：首先，五波下跌走勢可能幾乎結束（或已經結束），所以，基於這個觀點，我正打算買進標準普爾或道瓊指數期貨。從圖27.7可以看出我針對道瓊期貨所採取的動作。

第二個可能是：雖然市場可能進一步下跌，不過應該隨後將出現一波上漲修正波，而儘管是修正波，卻還是值得介入。所以，我積極等待買進訊號的出現。這五波下跌走勢本身就值得注意，因為這個走勢符合兩個主要的艾略特原則。第一個原則是第三波不會是最短暫的，事實上，這一波通常最長。第二個原則是第四波的高點通常不會超過第一波的低

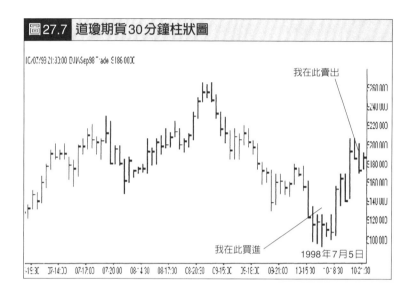

圖27.7 道瓊期貨30分鐘柱狀圖

我在此賣出

我在此買進

1998年7月5日

點（不過期貨通常會突破）。

　　對艾略特理論有興趣的讀者也可以參考圖27.8。圖上顯示，從1997年10月底的低點（在此出現瞬間急跌的低點）上漲以來，該指數呈五大波上漲走勢。這個大結構的第五波本身又可以細分為五小波，第五大波是從1998年5月底展開（標註為4的那一波低點）。很明顯，第五大波的第三小波已經結束，而如圖27.6所示，第三小波的五小波下跌可能意味第四波即將來臨，接下來才是最後一波（也就是第五波）。沒錯，這些說明可能是很讓人頭痛，但卻可能很有用。基本上它代表我們可能已經接近一個重要的轉折點——這個轉折點意味7月底／8月初出現高點之後，將會有大幅度的拉回。我之所以提出這一點，是因為這是一個重要的訊號，雖然當這本書發行時，一切都已事過境遷，所以事後看來，那個訊號當然極其明顯，可是，在事件發生前，我的確是這麼

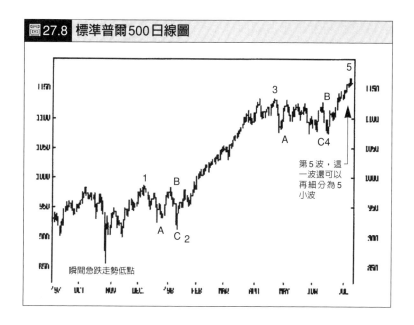

圖27.8　標準普爾500日線圖

推估的 。以這個例子來說，1998年7月出現一個關鍵高點。畢竟本書所提到的眾多訊號不是每次都管用，而這是每個投資者都必須了解的事實。弄錯了並不丟臉，對投資者來說，這是家常便飯。

　　不過分析師可能就不同了，由於分析師的專業就是分析，所以犯錯對他們的意義也許不太一樣。我並不是說分析師一無是處只會「看錯行情」，我的意思是，他們只會分析市場，不事交易。但依我看，就金融投資者來說，分析佔金融交易的重要性大約只有5%。

　　投資者不能期望完全除去風險，而必須學會如何在風險下求生。

　　投資者的經歷就像是鋼索特技表演者一樣。我曾經以為鋼索特技表演者要學習如何保持平衡，但其實並非如此。鋼

索特技表演者是學習如何在不平衡的狀態下求生存,所以,
投資者不能期望完全除去風險,而應該學會如何在風險下求
生。相同地,我覺得人生本就絕少平順又安全,我們都必須
學習在不穩定和不安全的狀態下求生存,這是每個人都一定
要做到的。

第四部
一場選擇權交易競賽

消耗戰

本章要談 1998 年 4 月 3 日到 4 月 16 日間,我在倫敦參加的 FTSE 選擇權與期貨市場投資競賽。在短短不到兩個星期內,我獲得了 4% 的報酬(以我的操作資金計算)。我的績效比較標竿是要每個月獲利 4%,也就是每年獲利 60%。我認為這是非常值得一試的目標,以五年的期間計算,每年 60% 的獲利代表五年 900% 以上的總獲利(見表 28.1)。

當我第一次計算這個數字時,我覺得這當中一定出了什麼錯。如果每年報酬率 60%,五年的報酬率怎麼可能高達 949%?但這是千真萬確的!其實這就是複利的力量。一旦你能持續且穩定獲得投資利潤,就會得到這個神奇的力量。我認為賣出選擇權是達到這等成長率的最好方法之一。

每年獲利率超過 50% 或低於 50% 的差異當然非常大。我想不出有什麼市場能穩定創造這麼優異的報酬。所以,光就潛在報酬而言,成為期貨與選擇權投資專家絕對值得。

當然,要獲得這樣高的報酬,絕對不可能沒有風險。事實上,即使你沒能從這本書得到任何收穫,我也希望你至少

表28.1 10年期間的成長				
年度成長率	10%	30%	60%	100%
從　開始	1	1	1	1
1年後	1.10	1.30	1.60	2.00
2	1.21	1.69	2.56	4.00
3	1.33	2.20	4.10	8.00
4	1.46	2.86	6.55	16.00
5	1.61	3.71	10.49	32.00
6	1.77	4.83	16.78	64.00
7	1.95	6.27	26.84	128.00
8	2.14	8.16	42.95	256.00
9	2.36	10.60	68.72	512.00
10	2.59	13.79	109.95	1024.00
總成長率				
5年後	61%	271%	949%	3100%
10年後	159%	1279%	10895%	102300%
1萬英鎊的價值				
5年後	16,100	37,100	104,900	320,000
10年後	25,900	137,900	1.1m	10.2m

要記得一個觀念：唯有盡可能降低風險，才可能獲勝。唯一可以考慮的交易機會就是低風險機會。任何建立高風險部位的人都終將失敗，而且極可能失去一切。我個人就有過這樣的經驗，我自己在早期就曾經經歷過這種悲慘的情境，我認識的人當中，很多人也都有過相同的遭遇。

　　廢話少說，馬上來看看我在兩個星期內怎麼獲利4％，又承擔了什麼樣的風險。我將以五萬英鎊（在寫本書時，這個金額已經累積到了大約八萬英鎊）來說明我那次的交易部位。以這個金額來說，我會把操作數量限制在剛好五手FTSE選擇權。每一手選擇權的價值是每一點十英鎊，而依照市場規定，原始保證金是大約每口合約兩千至三千英鎊。

所以，以操作五口合約來說，我的總資金是證交所規定的保證金金額的五倍。

其實，由於交易所總希望交易量能達到最高，所以它對交易者的保證金要求一定遠低於穩健交易原則的要求，這是一個現實問題。所以，如果你依照交易所規定的保證金額度進行交易，絕對會過度交易。

那麼，就讓我們逐筆檢視這次投資競賽的交易過程。我把這場競賽稱為「消耗戰」，因為隨著日子一天天消逝，選擇權時間價值也一天天降低（這對我有利）。不過，我的獲利依舊可能會折損，因為我被迫必須進行避險。避險部位並非「低風險」部位，所以通常會造成虧損。不過如果時間價值降低的速度比利潤縮小的速度更快，那我就贏了。

基於以上要素，我選擇在我認為最有利的時間賣出選擇權。以目前（1998年年底）的情況來說，這大約是指選擇權到期前兩個星期。以FTSE來說，我能藉由當時的價外選擇權獲得大約60點到90點的利潤，不過實際成果將隨許多因素而異，例如當時的市場波動性等。

圖28.1是FTSE100指數在這次競賽期間的日走勢圖。

圖28.2和28.3是1998年4月3日的三十分鐘走勢圖，我在當時開始建立部位。在FTSE現貨圖上，我們可以看到一個重新測試前高61050.8點（1998年3月20日）失敗的走勢，4月3日的高點只來到6105.3點。線圖告訴我們，市場測試前高的企圖引發了強烈的賣出反應，而我就把這個現象視為一種賣出訊號，並立刻賣出兩手的6150點買權（價外超過50點），賺進了61點。這引申出另一個重點：當我在建立部位時，一開始都只會建立一半的部位。

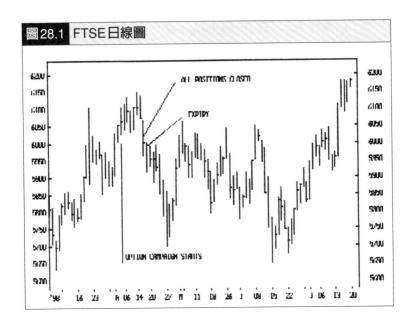

圖28.1 FTSE日線圖

後來，由於美國市場開盤後的表現不盡理想，導致英國市場更急速下滑，於是我又進一步賣出了三手6100點的買權（也大約是50點價外），賺進了65點。

至此，我實際上是採取完全空方的部位，也收到了大約三千英鎊的權利金（佔操作資本五萬英鎊的6%）。

如果我所建立的部位百分之百正確，我只要坐收漁利就好；不過，我計畫如果市場在低點位置出現很不錯的買進訊號，就賣出一些賣權。

但情況完全和我的期待背道而馳。事實上，FTSE一路大漲到收盤，而我也開始擔心先前這個賣出訊號只不過是個短期訊號，若是如此，我就應該平衡我的部位。於是，我採取非常小的動作，賣出兩手6000點賣權，收進了64點，這兩手部位也都大約是價外50點。

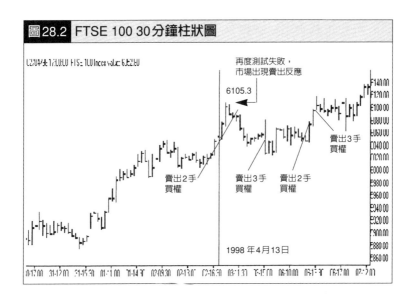

圖28.2 FTSE 100 30分鐘柱狀圖

再度測試失敗，
市場出現賣出反應

6105.3

賣出3手
買權

賣出2手
買權

賣出3手
買權

賣出2手
買權

1998 年4月13日

　　此時，我不需要就任何部位進行避險，而我一共收進了
大約四千英鎊的權利金。在這種情況下，不管市場跌到
5800點或上漲到6200點，我都是安全的。當天FTSE以
6064點收盤，當時的部位讓我感到很滿意。

　　我剛剛提到「我是安全的」的意思是，如果到期時指數
介於這兩個價位之間，那麼我就會賺錢。不過如果到期時指
數不在這個範圍，我就會虧損，不過，我會利用避險策略降
低這個風險。當部位到期時指數位於6000點到6100點間，
我的利潤將達到最高，大約是四千英鎊（獲利8％）。

　　星期一期貨開盤時出現強勁的「瞬間急漲走勢」（見第
20章），而我感覺這個走勢充分顯示趨勢還是持續向上走。
所以，我另外賣出三手6000點的賣權，收進了60點，依舊
是大約價外50點。不過，你看圖就會了解，雖然期貨出現
這樣一波瞬間急漲走勢，但現貨表現卻相當平靜。

　　現在，我手上已經握有大約六千英鎊（獲利12%）的權利金，而我也可以正式展開這場消耗戰了。此刻，我開始採用「25原則」，意思就是，每當市場上漲到高於履約價25點，我就會針對部位避險。當時的情況有點讓人頭痛，因為當時期貨成交價的溢價超過50點——也就是成交在大約「公平」價值的位置。這衍生了一個問題，因為我一方面想盡可能保住獲利，但另一方面卻又想盡可能減少交易次數。

　　這個問題讓我大費思量。我發現避險很難的原因是由於避險通常都是「被迫介入」的交易行為。在某些時點，我也難免會不知道該怎麼做，最後只好頭痛醫頭地忙著回應市場不斷改變的走勢。我也經常因為做出「糟糕」的交易決策而恨不得海扁自己一頓。

　　不過，這比為自己順利在高點出場而歡欣鼓舞更好——事實上，這是我一定要寫這一節的另一個重要原因。以金融投資事業來說，虧損是家常便飯。你必須接受任何策略都有其缺點（當然也會導致你的資產縮水）的事實。請先學習接受這些事實，再為自己曾經完成的精彩成果慶祝。就避險而言，我經常要面對一些難以抉擇的決定。當然，一點也不意外地，結果通常是：避險策略將使你虧錢，不過整體交易還是獲利的。關鍵的要點是：在必要時採取行動，不能輕言放過任何一個部位。

　　於是，在4月6日（見圖28.3）當天，我發現期貨出現瞬間急漲走勢，所以我賣出先前提到的賣權。在那時，我還不需要買進期貨，因為期貨價格尚未達到履約價以上25點。這又讓我想到這種交易模式的難處之一，這也是導致我不喜歡單向交易的原因。由於選擇權交易總讓我得以賺進穩

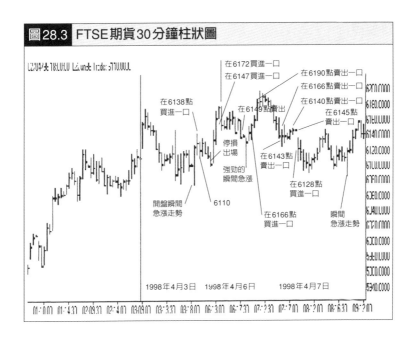

圖28.3 FTSE期貨30分鐘柱狀圖

定的報酬,所以它不會讓我覺得很擔憂,因為我認為「憂慮」
是從事金融投資一定要排除的因素。當然如果最後賺錢了,
就應該慶祝慶祝。

回歸正題,期貨持續上漲,而我終於也在6138點做多
了一口合約。FTSE的期貨合約也是每點十英鎊(雖然在我
買進這口合約以前是一點二十五英鎊)。在平常的(無避險)
時,我不會建立這種交易部位。市場在我做多價位的高幾點
位置達到高峰,接下來開始回跌。在一波大漲後,市場又跌
到6110點(見圖),於是,我在6110點之下設定一個停損
點。當然,我被停損出場,並因第一筆避險而損失300英
鎊。反正虧損是家常便飯。

現在,作戰籌碼還剩下5700英鎊,而我還有八個交易

日要應付。

接下來市場又再度上揚，於是我在6147點買進一口，在6172點買進第二口。不過，市場在收盤前回跌，於是，我只好在6149點賣出其中一口。這些動作引申出一個重要的問題：我最初老想著要放空，所以我一直預設看空市場的立場。總之，最好是保持中立的態度。

次日（4月7日），市場開低，但後來隨即又再度上漲。我一開始並沒有採取任何動作，接下來，當市場開始上漲時，我買進更多期貨。我在6166點買進一口，6190點買進另一口。市場當天的高點達到6196點，但接下來又大幅拉回。所以我被迫在6166、6143與6140點出清這三口期貨合約。到這時為止，我結清所有的避險部位，結果虧損了大約1150英鎊。這筆虧損大約佔我前兩天收進的現金的20%。現在，我還有六天要應付，消耗戰的對手（指市場）已經開始復仇，只不過，這是司空見慣。市場總是用這種方式來探測我們的耐力，而且避險的成本的確也很高。我的交易看起來可能並不怎麼高明，但這卻是整體策略的一環。我寧願經常避險，也不要承擔市場因實際走勢和預期走勢相悖而大幅虧損的風險。

那一天，我採用我的「隔夜操作利器」交易系統，並在6145點賣出一口合約。

隔天（4月8日）市場開低，不過並不是很低，而且又出現再度測試前低失敗的走勢。於是，我在6128點獲利了結，終於收復幾點的「失土」。我很不喜歡那一天的走勢，因為市場好像完全找不到方向。我買進另外三口合約，兩口在6117點，一口在6126點。但接下來，我分別在6093、

6101和6106點賣出這三口合約。於是，我又損失了六百英鎊，把先前賣出選擇權所收到的權利金扣掉所有虧損後，我手上還有4400英鎊。還有五天，戰鬥籌碼還算足夠。

次日（4月9日）是復活節長假之前的最後一個交易日，那天一開盤就馬上出現非常強勁的瞬間急漲走勢，指數一度大漲到6160點。我在6156點買進一口，但在6128點停損出場。接下來，市場又大漲，我又在6124點買進一口，在6148點買進另一口（我又採用我的隔夜交易系統）。所以，我等於在週末前建立了兩口多單合約。

FTSE在4月14日星期二重新開盤，並一路上漲到6207點。我又在6182點加買了兩口合約。更重要的是，我幸運地得以藉此走勢結清五手賣權，並賺到9點。當我的選擇權部位利潤達到大約10到15點時，我一定會結清部位，因為此時風險已高，而且價格避險也變得沒有意義了。這樣做一定值得，這次也一樣。

4月14日是很有趣的一天（見圖28.4），指數在6207明顯再度測試失敗，這是一個絕佳的賣出訊號，不僅因為市場回跌，也因為市場走勢的型態顯示後市偏空。不過，這個走勢充分彰顯了我在這次選擇權競賽中期遇到的一個問題——雖然單向期貨交易可能讓我獲得更大的利潤，但軋平避險部位卻可能導致我在選擇權上所獲得的利潤受到傷害。而我參與競賽的主要動機是：身為一個基金經理人，我的客戶希望得到每個月大約2％到4％的穩定報酬率。在這個前提下，除非有例外情況，否則我傾向於堅持我的選擇權策略。

於是我並沒有針對這個賣出訊號採取任何動作，不過，當市場進一步下挫，我在6153點結清了一口合約。

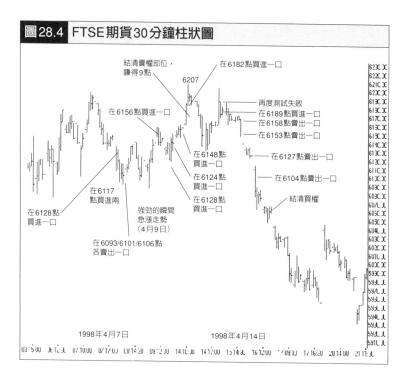

圖28.4　FTSE期貨30分鐘柱狀圖

結清賣權部位，
賺得9點

6207

在6182點買進一口

在6156點買進一口

再度測試失敗
在6189點買進一口
在6158點賣出一口
在6153點賣出一口

在6148點
買進一口

在6127點賣出一口

在6124點
買進一口

在6104點賣出一口

在6117
點買進兩

在6128點
買進一口

在6128點
買進一口

結清買權

強勁的瞬間
急漲走勢
（4月9日）

在6093/6101/6106點
各賣出一口

1998年4月7日

1998年4月14日

次日，市場又大幅下挫（感謝老天爺讓我確實遵守我的
原則，我已經結清了賣權）。4月15日，我在6158點和6127
點結清了兩口期貨部位，16日在6104點結清了另外一口部
位。在那時，我一共因期貨避險而虧損了兩千八百英鎊，大
約是我收進的權利金的一半。

由於市場在4月16日大幅下跌，所以我得以結清我的買
權。我在6150點左右結清兩手，代價是7點，並在6100點
作又結清另外三口，代價是16點。我通常不會在6100點以
上水準付出那麼高的代價，但是為了避免一直要操作到到
期，這個代價其實算小的。因為在當時的英國，選擇權到期

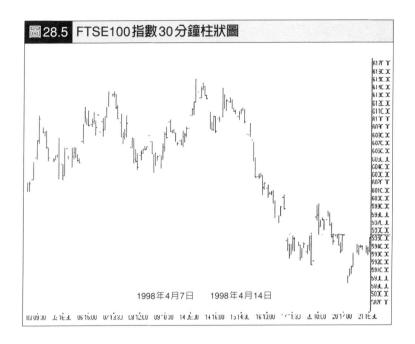

圖28.5 FTSE100指數30分鐘柱狀圖

1998年4月7日　　1998年4月14日

日的波動非常大。在3月選擇權到期當天，FTSE的現貨指數在五分鐘之內波動超過200點（大約和道瓊指數的波動點數相同，不過在那一天，3月選擇權和3月期貨同時到期）。請參照圖28.5，這是這段期間現貨指數的三十分鐘走勢圖，謹供讀者比較用。

　　結清所有選擇權部位讓我花了一千兩百英鎊的成本，包括佣金。這筆金額加上我先前在期貨所虧損的兩千八百英鎊，現金流出共約四千英鎊。在這兩個星期之內，我最後保住了大約兩千英鎊的利潤，大約是投資資金五萬英鎊的4%，也算得上是優異的成果。

結語

金融市場公平嗎？

在1998年8月和9月，全世界的市場都大幅下滑，在這段期間內，有一件事讓我覺得印象很深刻：所有人都在大玩亂點鴛鴦譜遊戲，精確一點來說，大家都急於把市場的快速重挫的原因歸咎於當時浮上台面的各項新聞。當時市場上有很多新聞題材，包括美國前總統柯林頓的性醜聞、俄羅斯政府幾乎倒閉、亞洲金融風暴以及其他許許多多「是實際或想像」的問題。

但其實，真正的原因很簡單：那是由於先前市場的漲幅過大——市場大跌的原因是由於先前它已經大漲，其他原因都只是配角而已。當然，有些因素確實扮演著催化劑的角色，但最多不過就是催化劑而已。如果市場先前沒有大漲，就不會那麼快速崩跌。就這個層面來說，我們一定要給前美國聯準會（Fed）主席葛林斯班一點掌聲，至少他曾經試著努力以利率手段抑止市場的非理性繁榮。

畢竟市場就像潮汐一般，不可避免地將可能超漲，未來

某個時點也難免會超跌。只要我們繼續沿用自由市場機制，這些都是不可避免的，而且除了自由市場以外，我們難道有其他選擇嗎？

市場本身其實並無法得到公平的審判，舉馬來西亞的吉隆坡為例：我們也能明顯看出吉隆坡這個城市對政府以前所採取的自由市場機制非常滿意。不過，一旦這個機制遭到改變（譯注：指1998年金融風暴期間，馬國政府為避免金融市場崩潰，緊急實施外匯管制等種種封閉政策），一切也全變了，現在，自由市場竟變成了敵人。但這並非事實，這完全是人類事務的一種潮汐，而人類也無從反抗這種潮汐。

過去，很多國家都試行過保護主義，但全都失敗。保護主義只會緊縮貿易，並讓所有人的財富一起縮水而已，而這卻是保護主義措施原本想要避免的情況。在此我也藉機說明一下我的經濟黑洞理論，並抒發我對自由市場的一些想法。也許，我必須說明的第一點是：市場並不公平，這個事實是所有問題的起源。讓我們舉一個簡單的例子：你在汽車展示間看到一部很不錯又閃閃發亮的車子，最後，當你付錢買下這部車子時，你實際上已經成了冤大頭，因為當你走出展示間的那一剎那，就可能馬上損失10%以上。如果你稍後因故被迫在二十四小時以內賣掉這部車子，你可能會損失50%，甚至更多。車子的行銷手法的確非常高明，而且我們一開始也知道買車會讓我們虧錢，橫豎車子就是一種用品。但金融市場卻不一樣，不是嗎？答案是對也不對。上述買車的情況也會發生在金融市場裡，事實上，所有選擇權買方都可能在介入部位後馬上損失10%（甚至更多），原因在於買賣價差。而這個選擇權可能會在幾天後到期，並變得毫無價

值，這公平嗎？當然，答案是對也不對。如果你已預知未來的可能結果，這就是公平的，因為你很清楚未來將演變成什麼情況。但有些人可能覺得這很不公平，尤其如果最後的發展和他們所預期的結果迥異時，不平衡的感受會越強烈。所以，這完全是認知問題，不過，有些人甚至不願意承認自己的見解有可能錯誤。

有些投資人可能會在事後覺得之前他追捧市場上的當紅股票是非常不公平的（他們後來發現由於當時市場情緒過熱的緣故，這些股票已經超漲），但長期以來，很多投資人都在做同樣的事。不過，這是公平的，因為價格是由市場決定，但是，由於價格超漲帶動的氣氛，所以，這看起來又有點不公平。

上述這種投資人也可能會受到情緒的左右，在恐慌的賣壓（例如9月和10月的情況）中跟著殺出股票，並可能因而產生極大的損失。這公平嗎？從某些角度來看也許公平，但從某些情況來看，卻也不公平。

投資前切記了解「市場」

基本上，市場是一種工具，也是為達成某種目的而存在，而市場在達成某種目的的過程中，卻會受到群眾的情緒所左右。這些情緒將製造許多問題和機會。如果市場的方向「正確」，那麼除了基於價值面考量而決定放空市場的迷失靈魂以外，每個人都會很開心。你會不會迷失？迷失到什麼程度？你的迷失非關市場運作方式，但這卻是問題所在。

所以，和人生所有事情一樣，在介入市場以前，一定要

先了解市場的運作方式。不過，很少人願意去了解市場，於是，當市場的發展和人們預期的不同時，人們就開始怪東怪西的。馬來西亞在1998年所推行的政策正是如此。

對於這種看似不公平但又公平的現象，有沒有其他替代性解決方案？我對這部分存疑。因為，你要如何阻止某人為了買某樣東西而付出不合理的高價？如果買方非得要得到這個東西，你又如何堅持要賣方少收一點錢？這當然不可能。我相信為爭取自由，自由市場是一個必要的條件，這是個通則。很少人會為了自由的概念而爭辯，但自由也是有缺點的，「自由」讓你有自由去闖禍。市場就是其中一個層面。

當市場向上漲時，人們會覺得市場是有用且令人愉悅的，但如果市場下跌，大家的感覺就不是那麼好了。不過，人類對於這種現象是無能為力的，魚與熊掌不可兼得。你唯一的保護措施就是——徹底了解市場的原理，並依據這些知識來採取行動。

市場機制和人生多數事物一樣不公平。至少如果你的心理狀態轉變成「輸家」狀態，市場就不會公平。贏家通常不在乎這些，因為不管怎麼樣，他們一出手就會贏。不過，為什麼市場會走向極端狀態？為什麼投資人總是要那麼過度追價又過度殺低？答案是：他們被迫這麼做，雖然這多少牽涉到情緒的影響，但真正的答案已超過單純的情緒問題。簡單來說，市場會讓人產生強烈的感覺，接下來它還會提供一些事證，暗示這些感覺是真實的。於是，你將在市場的牽引下在最高點買進股票，並眼看著這些股票又漲了一倍。

一開始，在最高點買進股票的決定也許多半是個情緒化的決定，但從事後諸葛來看，這又好像是個經過充分思考的

決定，是這樣嗎？事實上並非如此，你只是幸運而已，你是碰巧在熱潮的中段加入，而在你加入時，這個熱潮還沒有到達頂點，而這種熱潮總是讓很多天才（不過度追價）變成白痴（不賺錢）。事實上，通常最多頭的策略賺最多錢。

經濟黑洞

這讓我自然聯想到我的經濟黑洞理論。這個理論的基本要點是：隨著狂熱的力量逐漸增強，你必須假設這種狂熱通常將自我毀滅。為了競逐市場狂熱中的利益，你最後只好用不合理的價格搶進股票、房地產等資產。如果你不付這麼多錢，就無法從事這項業務，因為你買不到任何東西。而以不合理高價買進這些資產所代表的意義是：當市場無可避免地反轉時，你將頓失依靠，因為你所做的假設都不再有意義。於是，當反轉的力量越來越強時，就會出現越來越多的黑洞，最後的崩盤將使問題更加嚴重。

日本是最貼切的一個例子，企業間的交叉持股導致問題更雪上加霜，因為當市場下跌，這些企業的持股也縮水，並進一步降低了他們的償債能力。當時多數日本企業都曾遭遇這個問題。

銀行業放款也出現過類似的問題。一旦股票的評價趨於不切實際，銀行放款能回收與否也將會變得可疑。畢竟，清償負債的方式只有三種，首先，就是真的還款，真的還款的可能性是最低的；第二種方式是貸款人倒帳，申請破產也屬於這一類；第三種方式則是國家放手讓通貨膨脹飆升，並藉由這個方式來解決問題，這樣該國就可以用已貶值的貨幣來

還款。

不過，一旦陷入大環境通貨緊縮並不容易利用第三種方式達到目的，而且企圖讓債務貶值，可能會再度演變成「手推車」（譯注：裝滿一台手推車的錢只夠買一條麵包）經驗——1920年代的德國和1998年的俄羅斯都曾經有過這種慘痛經驗，最後竟導致本國貨幣變得一文不值。一旦這些效應發生在貨幣緊縮的年代，妄想以自我保護手段來擺脫整體衰退，將導致國家受到更大的傷害，並陷入更嚴重的困境。

事實上，這原本算不上是問題，這些負面發展只不過是經濟體系對先前的進展所產生的一種反作用力而已；這只是經濟體系為了維持先前的進展成就而做的一種努力（休息是為了走更長的路）。在現代，越來越多人致力於機巧的財務操作與特殊的行銷手法，商業成長循環也變得更加成熟。這是由於為了繼續維持繁榮上升走勢，必須花費越來越多的人為刺激，這些刺激就好像是經濟的威而剛一樣。而當經濟與金融市場走勢不可避免地下降時，所有人為的支持架構都將失去作用，這是我所謂的「經濟黑洞」理論的一環。

這一切最令人憂心的是，最後整個局面終將發展成越來越多人為了剩餘的少量利益而你爭我奪。當資源還很充裕時，每個人都很開心，因為每個人都可以分享到比較多的資源，一切都很祥和。但當資源緊縮後，情況就改變了，而且可能會大幅改變。

就像第二次世界大戰可以說源起於德國1920年代的超級通貨膨脹，而我們現在也種下了類似的種子。俄羅斯很可能會走向相同的道路。不過，也許戰爭之日離我們甚遠，但如果有很多像俄羅斯這類國家選擇結合彼此的力量，政經情

勢將大不相同。

終語

　　我希望這篇結語能幫助讀者了解我眼中的市場運作模式。我認為這些信念是正確的，而我唯一能提出的證據是：市場還沒有出現過不符合這些信念的情況。

　　我的的確確知道，極端高點遲早會出現，接下來，當市場開始回檔時，又會有一大堆壞消息出現，導致市場跌到極端低點。不過，最真實的力量來自市場本身，如果你明瞭箇中道理，將會在未來投資時大有斬獲。

附錄1
《苦惱的投資者》

◎東尼・普蘭墨

作　者按：我在本書納入普蘭墨寫的這篇文章，主要原因是此文清楚描述投資者「三位一體腦」的運作模式。

這篇文章也描述了各種類型的人可能出現的反應和偏差傾向。對投資者來說，這項資訊非常寶貴。我欠普蘭墨和他的出版商一個大人情，因為他們大方讓我轉載。

要透過金融市場交易賺錢的確很難，這是一個根本的事實。可惜的是，這項訊息不可能藉由人與人的互動來傳遞，唯有透過個人的實際交易行動，才可能體會這個真諦。

因此，介入金融交易領域的人裡，很少能真正看清個人心理問題和相關的財務風險。很多人在經歷過金額不算大但卻頗嚇人的虧損後黯然出場，但卻有更多人繼續在市場上掙扎，即便績效表現平平，卻依舊滿心寄望外在環境能有所改善。

這個情況將發展出一個必然結果：真正成功的投資者猶如鳳毛麟角般稀少。若非如此，傑克・史瓦格（Jack Schwager）所著的《市場大師》（*Marker Wizard*）一書便不

會成為暢銷書。

　　但是偉大投資者和一般人之間究竟有何差異？當大多數投資者連「連續兩筆交易都獲利」的目標都無法達成的同時，這些投資者究竟是怎麼樣獲得穩定且豐厚的利潤的？近幾年來，有很多文獻探討這個主題，最後大家歸納出一個結論：成功投資者和一般人之間只有一個領域是不同的，那就是個人心理面。投資成功仰賴兩種重要特質：一是在面對損失時能保持情緒平靜，二是不受其他人影響，制訂出屬於自己的決策。

　　基本上，這個結論背後的理論非常單純：投資交易是一種高風險與高壓力的行業。虧損或錯失獲利都將導致你產生強烈的負面情緒，這些情緒（尤其如果你長期都一直受到這種情緒的干擾）最後將導致許多投資者自然而然在心理上傾向於和別人聯合在一起，尋求受保護的感覺。於是，自動結合在一起的「投資者集團」將越來越傾向於在同一時間做同樣的事情，最後不可避免地，當市場突然出現反轉時，多數人都將措手不及。

　　問題是發自潛意識的想法很容易就會主導我們的行為。這部分是可以衡量的——科學家認為有高達97%的人類心智活動是發生在我們心裡的潛意識部分。這個數字相當可觀，因此也值得我們探討。這基本上代表人類有非常多行為是對熟悉的刺激的一種學習反應。

　　從這部分可以推演出一個結論：我們的學習經驗——尤其是孩提時期的經驗，對我們的行為將產生關鍵性的影響。即使成年後，我們也極端難以修正原本的學習模式。為什麼會如此？有一部分顯然是和腦部的結構有關。

　　在1970年代初期，美國神經生理學家保羅・麥克林
（Paul Maclean）將「三位一體腦」（三個部分）的概念導入
科學思考領域。他主張大腦有三層，且經過幾百萬年的演
化。最內層的大腦是腦幹，它來自爬蟲類血統，主要是處理
本能和生物慾望。第二部分是感情（周邊）系統，它源自於
人類的基本哺乳類血統，這部分和情緒活動有關。最外面的
一層是大腦新皮質，是讓我們成爲人類且與其他動物不同的
關鍵，這部分和基本的反射思考流程及想像力有關。

　　大腦的運轉流程當然非常複雜，不過無論是就生理或化
學層面來說，大腦的每一部分都是各自獨立的，差異相當
大。因此，專屬於「人類」的問題顯然屬於新皮質層問題，
而這部分和腦幹與周邊系統並沒有適當整合，畢竟新皮質層
是最新的一代演化。新皮質層運用它的想像能力來幫助人類
把外部世界創造成一個內部影像，而這個內部影像（人類的
靈魂完全認爲這個影像爲「眞實」）則會觸動某些情緒；接
下來，這些情緒又進一步引發一些自動的反應。可是大腦新
皮質曾卻又不盡然會介入掌控這些回應，或重新賦予外部世
界一個新影像。

　　爲了解釋這個問題，最近的研究一直都聚焦在新皮質層
的前葉部分。這個區域負責處理眞正的個人特質部分，特別
是自我認知以及對其他人類的同理心。一般來說，大腦的這
個區域顯然一直都未能物盡其用。研究發現，人們經由這個
區域來接受其他人所下達的指示──也就是說，人們經由這
個區域而爲某事著迷、追隨他們認同的權威人物的直接指
示，或深陷於大眾的信仰系統──但心智能量（mental
energy，也稱心靈能量）模式卻依舊停留在大腦的後側，也

就是在潛意識區域裡。

換句話說，真正的「個人特質」遠比我們所想像的稀少很多。這是一個殘酷的結論，而哲學方面的結論更妙：首先，這個結論證實了非理性的機械化行為（尤其是侵犯行為）比較可能發生在大眾聚集的環境下，較不會發生在一個人獨立行動時。其次，這意味「邏輯思考流程」並不足以防杜這類不理性行為的發生，因為個人的邏輯可能就是建立在團體所引發的激烈情緒上。

人類的心靈狀況顯然是取決於三位一體腦的三個部分，人類的心靈是一種自我組織系統（譯注：能組織內部來回應外部事件的系統），這和自然界裡的所有組成分子都相同，而且，人類心靈同步掌控、統籌並包含本能、情緒和思考的三種功能。於是，每個人類個體的心理情況都是由這三個區域的組合所構成。然而，證據顯示每個人使用這三個區域的方式都有微妙的差異。因此，有一部分人是由本能所驅動、有些人是受情緒主導，有些人則是比較重思考。而這些差異正是用來判斷人類表現在外的個性本質的依據。這部分不涉及任何價值判斷，這只意味每個人都會傾向於朝某一個特定型態的動力能量偏離。

雖然每個人一定會比較偏重使用三個心理區域其中的一個，但也傾向於盡可能少使用其中某一個區域，而對第三個領域的使用程度則居中。我們似乎可以根據這些基本心理區域的組合情況，來界定每個人的個性特質。我們可以為每一部分編號，「1」代表本能、「2」代表情緒，「3」代表思考。

不過，這部分有一點複雜，不是那麼容易說明。我們可

表一	基本特質類型	
類型	特質	偏差
1a-2-3 1p-2-3/	衝動—情緒	過度介入
1p-3-2	消極	完全事不關己
1a-3-2	衝動—思慮周延	不怎麼介入
2-1a-3	情緒—衝動	感覺過於強烈
2-1p-3	情緒—消極	完全沒有感覺
2-3-1p	情緒—思慮周延	不怎麼有感覺
3-2-1a	思慮周延—情緒	不怎麼採取行動
3-1p-2	思慮周延—積極	完全不採取行動
3-1a-2	思慮周延—消極	採取過多行動

以根據衝動或不衝動（被動）來描繪本能慾望。有些人本能
上就非常積極，但有些人卻顯得明顯消極，所以，就潛意識
本能特點的劃分來說，可以用1a來代表積極本能，1p代表
消極本能。

　　換言之，這三種特質將產生十三種組合，1a和1p不能
同時使用。不過，實際上在最少使用本能區域的案例中，不
管這些人理論上是「積極」或「消極」都不重要。此外，
1p-2-3和1p-3-2組合的相似度非常高，這是由於消極本能
的抑制效果所造成，所以，我們可以將這兩種視為相同的組
合。所以，最後剩下九種組合，如表一。

　　表一裡每一種結合都代表一種特定的性格，而每一種性
格則和某一種行為偏差有關。本能區域的偏差是牽涉到個人
對他和外部世界之間的關係所抱持的態度；而在情緒領域方
面，偏差是和感覺有關；但在思考區域，偏差則牽涉到行動
的態度。

　　讓我們快速瀏覽這些組合所代表的意義。例如，多是以本能導向的1a-2-3或2-3-1a型的人是指什麼？

　　1a-2-3型的人受到衝動／情緒特質結構所主導，他們介入外部世界的能力過度發展。就某種意義來說，這些人的潛意識裡認為自己比世界還偉大。他們可能非常自信且有說服力，而且思路非常清晰且具主導力。不過，他們可能會過度躁進，有時候甚至可能形成破壞。1p-2-3和1p-3-2型是非常消極的人，他們傾向於完全不關心外在環境。這種人通常比較溫馴且可靠，不過，多少流於怠惰與散漫。

　　1a-3-2型的人有著衝動／思慮周延的特質，他們並不怎麼關心外在環境。這些人的潛意識裡認為自己比環境渺小，所以，比較會回應外界對於原則和秩序的要求。不過，他們對其他人的態度可能過於追求完美與苛刻。

　　接下來，就到了「心靈」（情緒）導向的人了。我之所以稱他們為心靈導向，是以他們處理感覺的方式來定義。

　　2-1a-3型的人既情緒化又衝動，他們的感覺過度強烈，強調正面的情緒，而負面情緒則被抑制。所以，他們非常關心他人也很慷慨，不過也可能流於佔有慾過高、操控慾過強。

　　2-1p-3型的人是情緒化但又消極的人，他們可說是麻木不仁，傾向於有自信，競爭性也比較強。在面臨壓力時，他們傾向於表現得很自我中心與不友善。

　　2-3-1p型的人是情緒化但思慮周密的，他們反常地將自己控制在不怎麼有感覺的情況。他們不會直接表達自己的真實感受，不過卻用其他媒介來表達自己。這種人實際上傾向唯美派、有創造力與重視直覺。不過，這種人也可能會流

於內向與壓抑。

最後則是思考類型的人，也就是頭腦導向的人，我是以他們做事的態度來為他們下定義。

3-2-1a型的人是思慮周延但情緒化的人，他們做事能力不怎麼樣，這一點也不足為奇，因為他們的本能功能遭到忽略。這種人在與外界互動時，傾向擁有透徹的洞察力與分析力，不過，他們的行為有點古怪，且在壓力下容易變得偏執。

3-1p-2型的人是思慮周延但消極的，他們完全不採取行動。這種人盡忠職守，也很可愛，他們也會依賴其他人，但在壓力環境下，可能會傾向於自我毀滅。

3-1a-2型的人思慮周延但衝動，他們通常比較急性子，因為他們的做事能力過強。由於他們擁有非常廣泛的人生經驗，所以很有成就。不過，他們也可能非常衝動，而且有一點不節制。

當然，任何想為人類本性貼上明確標籤的舉動都是危險的，不過，每個人都可以試著判斷自己是屬於哪一種性格類別。當然，這需要一點自我省思。如果你願意確實這麼做，可能會獲得高到讓你訝異的回報，因為你將看清你個人最深層的行動依據。

重點是，每個人都屬於表一裡九種類型中的一種，這就好像我們出生時心靈裡存在一個含括九個數字的輪盤，有一個金屬滾珠正沿著輪盤邊緣緩緩滾動。到了某個階段（通常是五歲以前）時，每個人在這個世上的獨特性將逐漸成形，此時這顆滾珠將落入其中某一個數字的格子裡。接下來終其

一生，我們性格結構都將以這個格子為中心，逐漸發展。

　　具體一點來說，我們將一直密切留意某些會讓我們感到受威脅的事物，而一旦我們發現這些威脅性事物出現，一定會產生很明確的自動反應。此外，我們通常不知道自己會出現這些反應，如果我們知道自己會產生這個反應，也會把它視為一種力量，因為畢竟它曾多次成功幫助我們擺脫威脅。不過，其實這些反應卻是我們最重大的弱點。

　　在金融市場上，我們一定要了解這些現實問題。人類的自動反應讓每個人的內心深處都存在一個脆弱點，而金融市場將準確找出那個脆弱點，並進一步觸發你自動的自我防衛行為。我非常希望可以明確說明這些脆弱點和可能的反應機制，這樣我們才有可能設法因應可能的衝擊。

　　所以，下一步是了解每個性格結構都有兩個層面：「防衛性的注意力集中點」以及「對認知到威脅的可能回應形式」。換句話說，每個性格特質都像是一套經過充分協調的雷達和武器回應系統，它會偵測環境裡的威脅，一旦發現威脅，就以一種自動化的反應動作來回應這些威脅。性格特質的這兩個額外象限如表二。

　　當然，人們所認知到的威脅可能代表許多事物，舉個例子，它也有可能是一個直接危及肉體的威脅。

　　不過，我在此是指「心理上的被威脅感」。當期望（來自於潛意識的信念）和實際結果之間存在落差時，人們就會感受到這種威脅。所以，在金融市場裡，如果賺錢的期望未能達成，你就會感受到威脅。這種威脅所造成的壓力將可能會啟動一些可能的自動（也就是強迫的）回應。

　　接下來，讓我帶領你走向下一個階段，我將詳細說明這

表二	性格類型與基本的動機		
類型	性格	注意力焦點	對威脅的回應
1a-2-3	衝動—情緒		
1p-2-3/			
1p-3-2	消極	保護個人空間	躁進或退縮
1a-3-2	衝動—思慮周延		
2-1a-3	情緒—衝動		
2-1p-3	情緒—消極	保護自尊心	敵意或欺騙
2-3-1p	情緒—思慮周延		
3-2-1a	思慮周延—情緒		
3-1p-2	思慮周延—積極	將恐懼降到最低	焦慮或矯飾
3-1a-2	思慮周延—消極		

些強迫行為。

　　每一種類型的性格結構都會有不同的強迫行為。每一個強迫行為都會導致我們設法去迴避一種特殊的情況或情境。舉個例子，一個1a-2-3型的人將盡量避免被看成是軟弱的，但3-1a-2型的人將會逃避心理或精神上的痛苦。表三列出了每一種組合的不同「逃避性強迫行為」（avoidance compulsion）。

　　我建議投資者以市場走勢和進行交易的層面來思考各種不同的逃避性強迫行為是否能起得了作用（也許應該說「有多負面的作用」）。了解這個流程後，你的投資成果將大幅改善。

　　當一個人在面臨會引發他產生逃避性強迫行為的情境時，應該採取什麼樣的策略呢？當一個人感受到威脅時，又會發生什麼情況呢？

　　不管是哪一種類型的人，一旦遭遇到他們認知中的威

表三	性格類型和基本逃避性強迫行為	
類型	性格	逃避事項
1a-2-3	衝動—情緒	看起來很軟弱
1p-2-3/		
1p-3-2	消極	經常涉入衝突
1a-3-2	衝動—思慮周延	任何型態的不完美
2-1a-3	情緒—衝動	不被喜歡／認同／愛
2-1p-3	情緒—消極	執行被指派的工作時失敗
2-3-1p	情緒—思慮周延	只當一個平凡人
3-2-1a	思慮周延—情緒	未能掌握充足的人生資料
3-1p-2	思慮周延—積極	做錯任何決定
3-1a-2	思慮周延—消極	生理或心理痛苦

脅，一定會產生一種特定的原始防禦反應。我將這些反應列在表四。一般來說，本能導向的人將必須應付實際或潛在的氣憤情境；心靈導向的人則必須應付會影響到他們自尊心的情境；而思考導向的人則必須應付實際或潛在的恐懼情境。舉個例子：1a-2-3型的人將會為了避免讓人覺得他很軟弱，因而奮力抵抗威脅的來源。

你一定要清楚了解，這些都是很基本（也就是核心）的反應。在某種特定情境下，這些基本反應會和其他反應結合在一起，形成一個反應「矩陣」。不過，這些反應其實也是每個人在面臨認知威脅情境下的一種驅動力量。基本上，每個人都有個策略用來逃避讓年幼的我們心裡感到最痛苦的情境。而每次當我們再度遭遇這樣的痛苦情境時，就會採取一個深植在我們生理、情緒和精神裡的策略來因應這些問題。

現在讓我們看看在金融市場的環境下，這九種性格結構的可能情況。我賦予金融市場以下三個不同的特質，我想多

表四　對威脅的最初反應		
類型	逃避事項	對威脅的最初反應
1a-2-3 1p-2-3/	看起來很軟弱	與情境對抗
1p-3-2	經常涉入衝突	退出
1a-3-2	任何型態的不完美	氣憤—通常會壓抑
2-1a-3	不被喜歡／認同／愛	自尊受損
2-1p-3	執行被指派的工作時失敗	欺騙自己和其他人，假裝一切都沒事
2-3-1p	只當一個平凡人	嫉妒其他人的成就
3-2-1a	未能掌握充足的人生資料	精神上撤退，以換取時間和空間
3-1p-2	做錯任何決定	恐懼
3-1a-2	心理或精神痛苦	擬訂計畫來迴避這個情境的發生

數人應該都會認同我的觀點：

一、市場總是不斷波動。

二、市場上永遠存在虧錢的風險。

三、影響市場的因素無限多。

重點是：每個人都會對以上三種特質當中的某一特質特別敏感脆弱，於是，每個人的防禦注意力集中點（見表二）可能會被其中一個市場特質給激發出來。相關說明請見表四。

第一組人是由最本能導向的人所組成，通常他們的「自我」概念非常敏銳，所以傾向於捍衛自己的個人空間。他們會試著掌控或逃避任何可能侵入這個空間的事物。而為了要保障他們的安全，他們在心裡把整個世界區分成兩個部分：

一部分是不變且沒有威脅的，另一部分是積極的，因此將隱含潛在威脅。

　　金融市場總是不斷波動，當中充滿了許多我們看不見的個人，而這些個人的所作所為都會受到某些未知的理由影響。於是，本能導向的人將會遭遇到他們最害怕的情境──一種他們無法控制或較具侵略性的環境。而他們對虧損的反應是：企圖與市場對抗、不再注意與關心市場，或者以極端壓抑的憤怒來對抗市場。

　　這些反應對成功投資都沒有幫助，他們的第一個反應是：當市場不如你意時，企圖與市場對抗並一廂情願地認為你是對的、市場是錯的。長期來說，這也許是真理，但誠如經濟學先師凱恩斯（Lord Keynes）所言：「長遠來看，我們都死了」。這種人的第二種反應是：不去注意市場免得生氣，這意味你將繼續抱牢表現很糟的部位，但這麼做卻只會使情況更加惡化。第三個反應是：壓抑憤怒，這個過程將導致你無謂耗用重要的精力資源，結果，原來你可以用來對付市場的精力將因此減少；此時，壓力不斷升高，你的交易效率將日益降低。最後將只剩下排山倒海的不適任感與內疚感。

　　第二組人是受感覺主導的人。這些人的行為動機來自保護自我形象的需要，所以他們會把注意力集中在取得其他人的認同上。當知道他們無法取得認同時，就會產生自尊心受創的感受。糟糕的是這種自尊心受創的感覺通常是來自一種特有的西方文化：我們從小就被訓練不能犯錯。對這種訓練的反應最積極的人基本上非常怕犯錯，因為犯錯會讓他們感覺自己不再可愛，而他們探索這個世界的自然驅動力甚至可

能因此受到壓抑。

金融市場永遠都存在著危險和虧錢的現實，事實上，沒有人的投資交易可以達到百分之百成功。因此感覺導向的人遲早會面臨他們最不想遭遇的情況——也就是虧錢。當他們遭遇到這些情況時，最可能的反應應該是感覺自尊心受損，嫉妒其他比較成功的人或者是假裝虧錢也沒有關係。

當然，這些反應都對投資事業沒有任何建設性。當這些人忙著處理自尊心問題時，注意力就會被分散，因而更無法專心處理這些虧錢的部位。原因是，第一：一旦自尊心受創，人們就會有仇視市場的傾向，甚至可能妄想以加碼虧損部位的方式來報復市場。第二：把注意力集中在其他人的成就只會更加凸顯自己的不適任，這種感受最後終將導致投資者黯然退出市場，當然也就此失去修正的機會。第三，刻意漠視虧損的訊息並假裝目前的部位會好轉的心態，將迫使投資人轉而向其他人求援。

第三組人的特質是思考導向，屬於這個大類的人對恐懼的感受通常比較敏銳，所以他們的行為動機來自「盡可能降低恐懼」的慾望。這種人將會把注意力集中在資訊上，而且對於構成威脅的資訊特別敏感。當然，對安全的最大威脅是虧錢；所以，為了達到不虧錢的目的，這類投資人必須分析幾乎多到永無止境的資訊。

當然，金融市場也會營造出思考導向的人最不願意面對的情境：不確定性。在不確定的情境下，這些人將因恐懼而停擺，決策時間也一延再延，同時，當決策錯誤時，他們則會刻意忽略具有威脅性的資訊，或藉由擬訂未來交易計畫或做其他事情的方式來逃避這個議題。

當然，這些反應對成功投資也都沒有幫助。首先，拖延擬定策略將導致你錯失機會，或讓你虧損持續擴大。到最後，投資者不得不採取一些狂亂的行為，妄想賺回已經虧掉的錢。第二，當情況的發展不如預期時，因恐懼而停擺將導致情況變得更惡化。最後，唯有積極執行降低虧錢部位才可能讓你從恐懼中走出來。第三，假裝問題不存在只是拖延面對現實的時間而已，而且，投資者可能被迫陷入一個自我陶醉的完美主義情境當中，逃避解決問題。

總之，最關鍵的問題是：金融市場總是不斷營造各種會產生龐大影響力的問題來考驗市場裡的每個人。

所以，絕大多數的人一直都會感受到威脅。這也代表雖然成功投資者認為市場上有賺不完的錢，但實際經驗卻告訴我們，事實並非如此。對絕大多數的人來說，已發生或可能發生的虧損將可能導致我們產生負面的情緒，並採取不適當的防禦策略。

就算不是天才也知道這些防禦性策略不可能改變情勢。恕我直言，當壓力升高，一般人對投資的態度將變得越來越不理性。此外，個人的心理穩定度也將受到非常嚴重的威脅。於是，你將一再做出不正確的決定，個人生活的滿意度也可能因此而急速降低。接下來，不可避免地，這個投資者將會試著去找出市場上其他抱持相同觀點的投資者，以便舒緩他個人的焦慮。換句話說，市場上將逐漸形成一種共同本能。也許這聽起來有點不可思議，原因是這種現象通常不是很快就形成，所以一般人難以察覺。而且，許多投資者選擇結合在一起主要是種心理行為，並非生理行為。大自然賦予我們一種「羅神」（古代羅馬的兩面神）性格，其中一面的

我們對整個世界展現我們是獨立個體，但另一面的我們確有強烈（但卻不自覺的）的慾望想成為某種團體的一員。就某種意義來說，我們和大自然裡的其他原素並無不同，每個單位都分別有個體身分，但每個單位也都是一個更大團體的一分子。

研究顯示，人類這種「成為較大社會團體的一員」的需求不僅是一種最根本的需要，當人們感受到某種威脅時，這種需要將會更加強烈。而金融市場一定會營造出可能威脅每個投資者的情況。

我在我的《金融市場預測》一書裡曾描述了虧損的威脅、價格波動與操作活動的回饋關係如何促使個體間彼此聯合成為更高層次且自我組織化的人群。價格的上升將導致我們擔心被市場拋在腦後，並因此產生不愉快的感覺，而這種感覺將促使操作者去做一些別人早已完成的事——進場做多。相對地，當價格下跌，我們則擔心將被留在市場裡，並因此而產生不愉快的感受，而這個感受將導致投資者加入群眾的賣出行列。當**趨勢**形成，群眾意志的力量將更形強大。群眾將控制它的組成分子，並採取集體行動，就像是自然界裡的其他有機體一樣。一旦金融市場的群眾形成，就會根據自然界法則行事。我認為和金融市場群眾有關的自然界法則將導致：

一、群眾能量以循環模式擺動。

二、這些能量擺動方式將反射出一種非常特殊的三階段波浪型態，而不管市場處於什麼階段，都會一再出現這種型態。

　　三、每個階段的這種波浪型態和其他階段的波浪型態間都傾向於維持一種數學關係，大致上都和黃金切割率1.618與其變異數有關。

　　這些法則締造了技術分析領域裡的所有現象，也就是所謂的價格循環、特定價格型態以及可推算的價格目標等，換句話說，這種群眾現象是讓技術分析的運用變得普及化的主要因素。

　　但問題是：獨立個體要如何才能克服他們的逃避性強迫行為，並避開群眾間的彼此牽引力量，在金融市場上獲得優異的投資成就？一部分解決方案當然是要採用決策制訂流程——也就是交易系統，因為這些交易系統是以客觀的角度來判斷買進與賣出訊號。原則上，採用交易系統的投資者比較能將自己隔離在大眾組合體的影響之外。

　　不過，即使使用交易系統也不一定會成功。雖然它是一個必要的條件，但終究只是一種作業工具而已。困難點在於，所有可以讓投資者看出近期價格走勢的交易系統，也將自然而然讓投資者處在「群眾」心理（而群眾心理則是推動價格的力量）的催化下，這也就是說，推動價格的其實是他們自己。

　　關於這個問題，最近有一個方法是要試著藉由（投資者本身的）心理「再造」或「再造工程」來打破這種推動價格的行為與負面情緒之間的循環關係。其實，目前市場上已經發展出一種新興的「自助式」行業來解決這個問題。可用的方法從使用「神經語言學」訓練課程到個別催眠、書籍、錄影帶到錄音帶等應有盡有。

　　這些方法非常有價值，不僅是因爲它們能幫助投資者把注意力集中在交易問題上。

　　不過，我必須提出一個忠告，大多數的心理課程所教導的方法充其量也只是一種「表面結構」，也就是說，這些方法只能用來解決低量恐懼的壓抑與逃避問題。這些方法並不能消除本文一再提及的逃避性強迫行爲，因爲這些行爲隸屬非常深層的結構。最大的危機就是強迫行爲總會發生在人們最沒有心理準備的時候。重點是，當逃避性強迫行爲發生時，我們一定要知道它的存在，這樣才能將這種行爲的影響降低到某種程度。

　　所以，如果投資者採用一個結構化的方法來處理投資事務，同時設法不要讓自己的性格偏差受到群眾心理的牽引，那麼成功的機率將相當高。

　　悲哀的是，逃避強迫性行爲一輩子都會跟著你，它們將一直埋伏在山頂，等著偷襲每個人。

附錄 2
投資心理學問卷

◎東尼・普蘭墨

作者按：我附上的這份問卷涵蓋的範圍非常廣泛，不過，這並不是一份拷問書，所以如果你不想回答其中任何問題，請直接在那個問題旁邊寫上「不提供答案」即可。有些答案可能超過一個字，如果是這樣，你可以把答案另外寫在另一張獨立的紙片上，不過答案一定要對照到相關的問題。我們刻意不採用標準化的問題格式，所以你可以用自己認為合適的方式來回答（或不答）。

另外，這份問卷的設計只是要讓你更深入看清楚自己的投資性格，因此，你可能要花一點時間才能完成。不要急著做完它。

〈你對投資的看法〉
【投資的動機】

1. 你希望從市場得到什麼？
2. 你要如何得到這些東西？
3. 得到這些東西後，你將擁有什麼？描述你屆時將會有何

情緒？

4. 屆時，你又會想要什麼？

5. 你要如何取得這些東西？

6. 得到這些東西後，你又將擁有什麼？描述你屆時將會有何情緒。

7. 重複第4-6個問題（按照順序），直到你找到最後的答案為止。

8. 你認為自己會投資交易的主要原因是什麼？

9. 有沒有次要的原因？

10. 「接受額外挑戰」是不是你進入投資市場的其中一個原因？

11. 「無聊」與「抒解無聊感受」是不是你進入金融市場的其中一個原因？

12. 「追求刺激」是不是你進入市場的其中一個原因？

13. 「自我刺激」是不是你進入市場的其中一個原因？

14. 「自尊心」是不是你進入市場的其中一個原因？

15. 你有沒有可能因為受到一些情緒影響而在某個時點介入市場？

16. 你認為還有哪些原因會導致你建立一些原本不該建立的部位？

17. 你比較偏好哪一種投資工具？股票／選擇權／期貨（請把最適當的圈起來）。

18. 你是否曾經發現自己無法建立某些部位？

19. 你認為以上問題的可能原因為何？

20. 以獲利的角度來說，你的市場目標是什麼？

21. 你認為以上目標實不實際？

22. 你有沒有辦法在達成這些目標的同時又保持「冷酷、平靜與鎮定？」

23. 根據你對第21、22題的答案，你是否希望修正第20題的答案？

【投資經驗】

1. 大多數投資者在學會限制虧損的這個重要教訓以前，就會被淘汰出場，你是否遭遇過這種經驗？

2. 請詳述以上情況（如果需要，可以寫在另一張紙上）。

3. 請描述你在遭遇這些事件時的情緒狀況？

4. 你認為從中學到什麼教訓？

5. 你是否覺得自己已經妥善處理這次經驗？

6. 請描述當你介入操作市場時，會有哪些恐懼？

7. 列出你不會從事的交易行為，舉個例子，不保留隔夜部位、不投資期貨或賣出選擇權等。

8. 你認為以上事項是否對你造成限制？

9. 你喜歡採用哪一種停損方式？

10. 你是否有採用特定的交易方法論？

11. 你是否只採用一個方法論？或者使用多個？請寫下數量。

12. 這個方法論能否讓你掌握精確的進場／出場訊號？

13. 如果不能，為什麼？

14. 你認為第13題的理由對「追求投資成就」有幫助或沒有幫助？

15. 根據你對第14題的答案，你是否想採取任何行動？

16. 為什麼不要？

17. 你是否認為更精確的方法論將會讓你更了解為何自己有時候會接受不適當的交易訊號？

18. 你認為不適當的交易方法和最後的獲利或虧損有關嗎？

19. 如果是，為什麼？

20. 你是否會設定獲利目標？

21. 如果是，為什麼？

22. 你是否同時有過操作期貨與選擇權的經驗？

23. 你比較偏好有10％的機率可以賺到一萬英鎊，還是有90％的機率可以賺到一千英鎊？如果有90％的機率將賺到一千一百英鎊，這和90％的機率只賺到一千英鎊是否有任何差異？

24. 在連續虧損五次以後，你的感受是如何？

25. 你認為你的虧損通常是其他人的錯嗎？請解釋理由。

26. 你是否經常接納營業員對市場的建議？

27. 如果是，成果如何？

28. 你是否會謹慎檢視你的交易手續費報表？

【投資成果】

1. 你的整體操作成果是虧損嗎？

2. 如果是，你是否每次都建立一口合約以上？

3. 你認為繼續這麼做合理嗎？

4. 你的虧損是由許多小虧損累積而成，或是來自少數幾筆大虧損？（有時候，人家說新手投資者總會虧幾筆大錢〔因為他們不懂得應該趁虧損還小時快速認賠出場〕，比較有經驗的投資者會累積許多小虧損〔因為他們所設的停損標準過於嚴苛〕。同理，非常有經驗的衍生性金

融商品基金經理人通常是虧損的，因爲他們的客戶會在虧損時贖回資金，所以累計下來，他們賺的錢比虧的錢少。）

5. 你是否認爲你的問題是起因於經驗不足或者是恐懼？

6. 或者你認爲是其他因素造成？

7. 你是否願意爲自己的投資行爲與成果負起完全責任？

8. 如果不願意，誰應該負責？

9. 你的獲利是來自許多比小額獲利或少數幾筆大利潤？如果你到現在都還沒有賺錢，你認爲自己可能會屬於哪一類？

10. 你是否會因爲好消息而進場做多？

11. 如果會，原因是什麼？

12. 如果市場讓你遭遇重大問題，你認爲這很稀奇嗎？

13. 你在市場上的虧損金額是否曾超過預定的額度？

14. 如果你的虧損曾經超過計畫，有沒有充分的理由可以說明爲何虧損金額超過計畫？請列出來。

15. 如果出現一個很棒的機會，你會冒險把資金全數投入嗎？

16. 解釋爲何大多數投資者會脫離平均律？

17. 你是否喜歡金融交易帶來的興奮感（無論你的勝負）？

18. 投資是否爲你的嗜好？

19. 如果你虧錢，你是否會想從市場上賺回這些錢？

20. 你是否經常衝動行事？

21. 你是否無論如何都死抱住自己的投資標的不放，連在空頭市場裡也絕不輕言放棄？

22. 你是否曾向其他人談到你的投資成果？

23. 你是否保留清楚的交易與成果書面紀錄？

24. 你是否有把你建立與結清所有交易部位的理由全部以流水帳的方式記錄下來？

25. 如果沒有，原因爲何？

26. 過去五年來，你是淨虧損的嗎？（如果你的投資歷史不超過五年，這段期間你是淨虧損的嗎？）

【你對投資的認知】

1. 一個好的交易系統應該每個月都獲利嗎？

2. 如果亂槍打鳥式的投資方法管用，你是否會採用它？

3. 你是否總是追隨其他人的建議？

4. 你是否經常覺得混淆？

5. 你是否覺得只有（金融投資業的）內部人才會贏？

6. 你是否覺得如果投資不賺錢，自己就一無是處？

7. 你是否盡量設法不要惹惱你的營業員？

8. 你是否認同隨機操作？

9. 如果倫敦動物園的猩猩預測市場的準確率高達88%，那麼你要不要追隨這隻大猩猩？

10. 如果你必須把市場比喻爲一種動物（實際、想像或其他），你認爲市場是什麼動物？

11. 你對市場系統的看法如何？

12. 你是否相信一旦你找到適合自己的系統，就一定會成功？

13. 或者你是否認爲一旦自己成爲優秀的投資者，就會從此一帆風順？

14. 你是否已經描繪出你必須達成的投資目標？我並不是指

財務目標，而是指你必須學習的課題。舉個例子，依序為學會執行停損、研擬一套方法論、學會依循這套方法論、學會放手讓利潤增長，並成為這個方法的專家等。

15. 將你覺得市場上有意義的事情列出來。
16. 你要如何利用這些有意義的事來賺錢？

【你目前的投資處境】

1. 你現在能擺脫你的投資嗎？
2. 你留多少時間給市場？
3. 你是否曾因沒有全神貫注而錯失任何交易機會？
4. 你對這種情況的感受如何？
5. 你是否因市場波動而變得情緒化？
6. 如果是，程度如何？
7. 這樣對事情有幫助嗎？
8. 你計畫採取什麼行動來避免這個問題？
9. 你是否經常被迫進場？
10. 你是否經常覺得不需要進場交易？
11. 你一次建立多少數量的合約？
12. 當你在某一筆交易上虧錢時，會損失多少百分比的資本？
13. 請解釋為什麼你認為這個風險百分比水準適合你？
14. 請解釋這個風險水準的統計意義？
15. 平均來說，你交易成功的次數佔總交易次數的百分比約略是多少？
16. 請解釋這個百分比的統計意義和風險水準的關係。
17. 你的開銷是否經常透支？

18. 你目前的投資資本是多少錢？

〈你對個人的看法〉

1. 你和你的合夥人曾經有過爭吵嗎？
2. 你是否喜歡認識陌生人？
3. 你是個贏家嗎？
4. 你多數朋友也都是贏家嗎？
5. 你是否曾經說謊？
6. 你是否會定期把目標、交易過程或其他紀錄列出清單？
7. 你是否覺得你不可能達成任何目標？
8. 你有沒有很多親密的朋友？
9. 有沒有什麼事是你不敢談論的？
10. 你是否喜歡自己所認識的每個人？
11. 你是否愛自己所認識的每個人？
12. 當你在做某件事時，你是否不喜歡其他人也從中受惠？
13. 你是否吃太多東西？
14. 你是否抽太多菸？
15. 你是否過量飲酒？
16. 你是否過量服藥？
17. 你是否還從事其他自我毀滅的行為？
18. 你是否不知道自己為何如此？
    （如果你對第13到18題的回答為「是」，那麼，詳細描
    述出來會更有幫助。不過不用強迫自己這麼做。）
19. 工作上你和同事相處得好嗎？
20. 同事喜歡你嗎？
21. 你是否經常休假？

22. 你是否覺得過去比現在更好？

23. 你比較常見到（a）其他人的辦法，或（b）其他人的見解？

24. 你是否覺得和多數人的觀點唱反調會讓你不舒服？

25. 如果一個房間裡的所有人都脫下他們的鞋子，你會做相同的事嗎？

26. 你是否畏懼面對真實的你？

27. 你是否了解自己的感受？

28. 你是否有非成功不可的壓力？不管是來自自己或其他人的壓力？

29. 當你在從事金融交易時，是否覺得放鬆？

30. 你是否嫉妒任何人？

31. 如果你感到混淆，是否會尋求其他人的建議？

32. 為什麼？

33. 財富對你而言很重要嗎？

34. 你對「財富」的定義是什麼？

35. 你花多少時間在報紙上？

36. 看這些報紙對你有什麼幫助？

37. 你是否認為「金錢」等於「愛」？

38. 如果是，為什麼？

39. 你是否健康？

40. 你平常做些什麼運動？

41. 你覺得要在市場上投資，生理健康是否重要？

42. 如果是，理由為何？

43. 金錢對你的意義是什麼？

附錄 3
「艾略特波浪理論」
會讓人無法自拔嗎？

　　最後這篇附錄是描述我對艾略特波浪理論的切身經驗。我認為本文充分闡明了很多人（包括我自己）使用各種投資方法的方式以及這些方式可能產生的危險。就某些方面來說，我的故事可能並不是那麼有代表性，不過我個人認為就某些層面而言，這卻稱得上一個很典型的故事。

　　我不記得我究竟是在什麼時候開始被這個理論吸引的，但我一開始研究這個方法後，馬上就深受感召。這應該是很個人的感受，不過，線圖型態看起來的確很有意思，而且由於我能利用這個理論明確辨認出重要頭部和底部，所以它的確很吸引人。也許我必須承認，當時的我實在是個投資新手。在此同時，我還認定當時市場將會下跌——我非常看空，而且，我並不知道這種觀點是危險的——我壓根兒想都沒想過這個問題。

　　於是，我試著使用艾略特理論，情況還蠻順利的，因此我繼續在市場上尋找適合的型態。我買了一些賣權，多數賣權到期時都已經毫無價值；不過，其中有一檔表現非常好。雖然我太早就結清部位（就新手而言這是當然的），但卻還

是賺回了我先前虧掉的錢。於是，我就這麼上鉤了。接下來，我和一個朋友談了一下，他傳授我賣出選擇權的作法。稍後，我在渡假時一邊滑雪，一邊思考這個方法，我左思右想，怎麼都想不出這個方法有任何失敗的可能。

假設我賣出一些買權，而如果價格上漲，就賣出一些賣權；如果價格又下跌，則賣出更多買權。當時的我一點都不懂槓桿操作的奇妙以及雙倍部位規模的危險。在1986年到1987年間，我一直延續這個策略，賺了一些錢，也虧了一些錢。當時我的成果還算不錯，部位規模也持續成長——回想起來，真是讓人直冒冷汗；我現在才發現當時自己過度交易的程度有多可怕！不過，我那時實在太得意了，以致完全不知道自己冒了多大的風險。接下來，1987年的崩盤到來，這個事件有讓我垮台嗎？也許有，不過卻不是像你們所想像的那樣。記得嗎，我說過我看空市場，而且我是個沉溺於艾略特理論的空頭。

圖III.1就是1987年崩盤的線圖，這張線圖是最適合本文的完美圖解。看看這個完美的艾略特型態：市場從8月的高點後，出現了五波下跌。這個明顯的修正波推升到10月的高點，接下來出現了這個型態的最終答案（崩盤）——這太完美了！而且不僅如此，當時席捲整個英國南部的颶風似乎也預告了這個可怕的走勢。

當然，我在這段期間的交易並不完美，我在崩盤前握有六十手賣權多單，外加幾手的買權空單。我在崩盤前結清了其中四十手賣權部位，剩下的一直到崩盤那天的早上才結清，也因此，我錯失了最大的一波行情。其實在那個完美型態出現後，我預測市場將大跌三百點，但我卻沒有把這個推

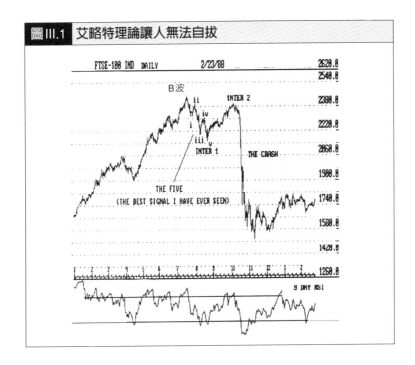

圖 III.1　艾略特理論讓人無法自拔

測用來當交易的依據。因為當時我另外還使用五個小時的
RSI指標，當這個指標呈現超賣，我隨即就出場（所以錯失
了大行情）──這指標很棒吧？

第五波（我見過最好的訊號）

在那次崩盤的一星期前，我正好和一個「甘氏理論」專
家有過一次長談，我們也比較了我們各自的筆記。當時我們
都預期FTSE指數將回跌，不過當我提到可能回跌三百點
時，他的說法大致上是這樣的：「喔，不可能，比較可能只
跌一百點。」我經常在想，那次指數在一天內跌三百點，隔

天又跌了三百點，不知他的感覺如何。

　　不過，請想想這個預測對一個投資空頭的新手產生了什麼樣的影響——這就是這篇附錄文章的主要內涵。市場用世上最強而有力的方式，強化了艾略特理論對我的吸引力，而這又是發生在我的投資生涯的早期階段，這個階段的印象是最深刻的。市場讓我以為我有可能精準預測未來（事實上不可能），市場也讓我以為艾略特理論精準無比（從那次以後，這個理論從未出現如此準確的預測力），也讓我見識到「成見」的力量（事實上，成見通常是致命的）。

　　現在讓我們往後退一步，看看在我們追求投資成就的路途上，還有哪些不良影響可能降臨在我們身上。可能的結果有很多種，不過，這些結果又可以分成三種主要類別。

　　第一組是發現原始分析方法（以我的例子來說就是艾略特理論）「有缺陷」，此時投資者可能會轉而採用其他方法。第二組是發現這個分析方法「還算管用」，此時，儘管投資者還是會因為這個方法的缺點而虧錢，不過他還是可能繼續沉溺於這個方法。第三組是覺得這個方法「非常成功」（我認為我那時就是遇到這種情況），這可能是最糟糕的一組，因為一旦出現這種狀況，你一定會極端沉迷於這個方法。

　　無論如何，投資者都必須熟悉各式各樣的交易方法，這樣才能分辨不同方法的好壞，並進行適度的汰換。投資者也必須選擇幾個真正適合自己的方法，並成為這些方法的專家。你不能沉迷於某一種方法，而就這個層面來說，早期的失敗經驗其實比什麼都更好。尤其當你尚未完全了解資金管理的真諦時，太早成功只會導致你無節制地增加交易部位，而無限制增加部位將不可避免地導致無法收拾的後果。

　　不過，最近我從線圖中領悟到和交易結果有關的另一個要點，這和「市場概況」有關。

　　大約六年前，有個股票營業員向我介紹「市場概況」。當時，我的確讀了他所推薦的書，但卻沒有任何感覺。對我來說，這似乎只是呈現市場交易資訊的另一種方式而已。我完全忽略了這個方法所提供的「價值區」資訊，也忽略了「無發展」訊號有多好用。這一點非常重要——我不認為自己在資訊吸收方面的能力比普通人強，不過，投資是我的專業，而通常當我找到一個新的交易方法，應該至少會歸納出幾個和這個方法有關的必要特質。但我起初並沒有針對「市場概況」這麼做。這有點讓人擔心——這意味我是以我個人原本就刻板主觀的看法來評斷我所讀過的每一本投資書，並因此無法看清這些書裡所隱藏的價值嗎？顯然是這樣。

　　而且如果連我都這樣，很可能每個人多多少少都會犯相同的錯誤。那麼，我們應該只會接受自己心裡想好要接受的事物，而這意味我們必須為自己的行為負起更多責任（超乎我們想像的多），因為如果我們控制了我們的「輸入」（的確如此），當然也就等於控制了我們的做事方式，也控制了我們對所有刺激的反應，結論就是——我們控制了自己的行動和相關的後果。

　　在投資領域尤其如此。所以，也許你已找到一個最適合你的方法，但基於許多不同的原因，你有可能根本不採用它。現在的我當然知道「市場概況」非常好用，尤其是運用在即時交易時。當然，如果你有機會目睹一個「大師」利用一個方法在市場上賺錢，這個方法對你所產生的影響，絕對比你自己從書裡讀到這個方法而得到的感受強烈許多。

　　所以，你不僅要多「認識」不同的方法，更要小心提防自己因故未能「認識」某些方法。就某種程度來說，要找到和你頻率相同的交易方法（也就是終將帶領你走向成功的那些方法），關鍵在於你是否提出正確的問題。當我們開始投資時，我們的知識不足，所以不太知道怎麼提出這些問題。所以如果有人問我們「若要得到優異的投資成就，最應該考量的層面是什麼？」，我們可能會空泛地回答像是重要指標、追隨成功投資者或一些熱門的理論等。我們的答案裡應該不會有：心理情況、低風險交易概念或甚至停損等要素。

　　廣義來說，不管是從事哪個領域，剛開始的幾年主要都是在學習一些基本技術。如果一個成功又聰明的人認為自己有能力從一開始投資就獲得勝利，那麼他不僅傲慢，也過於無知。我並不是假道學，因為我自己以前就是這樣。不過，這種想法其實是愚蠢的，而市場遲早會回報給你重擊。

　　所以，一定要隨時檢視你的最新進展，並檢討你在過程中所學會的知識，以確認自己是否已確實了解這些知識，而且藉此檢討過程，避免過度著迷於某些不適當的事物。其中，尤其要檢討你希望藉由你的投資方法獲什麼成果，並確認自己是否已經確實了解這些方法的真諦。請確實檢討你是否只建立「低風險交易機會」，如果不是，一定要思考如何修正交易方法，讓你可以嚴守低風險操作的原則，因為這是成功投資的最根本要素。

國家圖書館出版品預行編目資料

金融交易聖經：發現我的賺錢天才／約翰・派伯
（John Piper）著；陳儀譯. -- 二版. --
臺北市：財信，2012.04
　　　面；　公分. --（投資理財；149）
譯自：The Way to Trade: Discover Your Successful
　　　Trading Personality
ISBN　978-986-6165-51-1（平裝）

1. 投資

563.5　　　　　　　　　　　　　　101005697

投資理財 149

金融交易聖經：發現我的賺錢天才
The Way to Trade: Discover Your Successful Trading Personality

作　　者／約翰·派伯（John Piper）
譯　　者／陳　儀
總 編 輯／楊　森
副總編輯／許秀惠
主　　編／陳重亨、金薇華
封面設計／李東記
校　　對／李淑芬
行銷企畫／呂鈺清
發 行 部／黃坤玉、賴曉芳

出 版 者／財信出版有限公司
地　　址／10444台北市中山區南京東路一段52號11樓
訂購專線／886-2-2511-1107分機111
訂購傳真／886-2-2541-0860
郵政劃撥／50052757財信出版有限公司
部 落 格／http://wealthpress.pixnet.net/blog
臉　　書／http://www.facebook.com/wealthpress

製版印刷／中原造像股份有限公司
總 經 銷／聯合發行股份有限公司
地　　址／23145新北市新店區寶橋路235巷6弄6號2樓
電　　話／886-2-2917-8022

二版一刷／2012年4月
定　　價／320元